Wolfgang Looss

Unter vier Augen

Wolfgang Looss

Unter vier Augen

Coaching für Manager

Die Deutsche Bibliothek – CIP-Einheitsaufnahme

Looss, Wolfgang:
Unter vier Augen : Coaching für Manager / Wolfgang Looss. –
4., völlig überarbeitete Aufl. – Landsberg/Lech : mi, Verl. Moderne Industrie, 1997
   Bis 3. Aufl. u.d.T. Looss, Wolfgang: Coaching für Manager
      ISBN 3-478-31364-3

Dieses Buch erschien bis zur 3. Auflage unter dem Titel „Coaching für Manager".

4., völlig überarbeitete Auflage 1997
3. Auflage 1993
2. Auflage 1992

© 1991 verlag moderne industrie, 86895 Landsberg/Lech
   http://www.mi-verlag.de

Alle Rechte, insbesondere das Recht der Vervielfältigung und Verbreitung sowie der Übersetzung, vorbehalten. Kein Teil des Werkes darf in irgendeiner Form (durch Fotokopie, Mikrofilm oder ein anderes Verfahren) ohne schriftliche Genehmigung des Verlages reproduziert oder unter Verwendung elektronischer Systeme gespeichert, verarbeitet, vervielfältigt oder verbreitet werden.
Umschlaggestaltung: Werner Beck, Buchloe-Honsolgen
Satz: abc Media-Services, Buchloe
Druck/Bindung: Himmer, Augsburg
Printed in Germany 310 364/079701
ISBN 3-478-31364-3

Inhaltsverzeichnis

Vorwort zur 4. Auflage 9
Aus dem Vorwort zur 1. Auflage 11

Kapitel 1
Schnellübersicht: Worum geht es bei der Einzelberatung von Führungskräften? 13

Kapitel 2
Der Bedarf an Führungskräfteberatung 17

Kapitel 3
Die konzeptionellen Quellen der Führungskräfteberatung 23
3.1 Spektrum Management 23
3.2 Die Quellen für ein managementorientiertes Konzept persönlicher Beratung 28
3.3 Etablierte Formen der Beratung von Führungskräften 32
3.4 Führungskräfteberatung als Analogie zum Trainer im Sport 34

Kapitel 4
Organisationsformen der Einzelberatung von Führungskräften 37

Kapitel 5
Gängige Anlässe für die Einzelberatung von Führungskräften 41
5.1 Einige Problemlagen des Managerberufes 41
5.2 Wenn individuelle Lösungsversuche zum Teil des Problems werden 47
5.3 Der erschwerte Umgang mit anderen 48

5.4 Streß und Burnout 50
5.5 Persönliche Krisen klinischer Qualität 51
5.6 Organisationsbezogene Auslöser für
     Einzelberatung 53
5.7 Persönliche Lebensentscheidungen und
     Lernbedürfnisse 57
5.8 Schleichende Symptomentwicklung 62

Kapitel 6
Alternativen zum Coaching 65
6.1 Einzelberatung im Verbund individueller
     Problemlösungsbemühungen 65
6.2 Das „Gespräch mit sich selbst" 66
6.3 Gespräche mit Büchern 68
6.4 Gespräche mit dem Partner 70
6.5 Gespräche mit Freunden und Kollegen 74
6.6 Gespräche mit Vorgesetzten 76
6.7 Kontakte mit Beratungsstellen 80
6.8 Die Einzelberatung von Führungskräften als abge-
     leitete „Mischung" von Beziehungsqualitäten 82

Kapitel 7
Idealtypischer Ablauf einer Beratung 85
7.1 Wie findet man einen Berater? 85
7.2 Hier kommt der Klient 88
7.3 Die Verträge: Grundlage der Beratungsbeziehung 91
7.4 Die Ziele der Beratung 95
7.5 Die Klärung der Ausgangssituation 102
7.6 Die Arbeitsformen im weiteren Verlauf
     der Beratung 105
7.7 Der Kern des Beraterverhaltens: Interventionen 118
7.8 Beenden der Beratung 128

Kapitel 8
Erfolgskriterien für die Einzelberatung 131

Kapitel 9
**Grenzen der Einzelberatung: Therapeutische
und andere Maßnahmen** 135
9.1 Wenn Einzelberatung nicht mehr ausreicht 135
9.2 Zum Unterschied zwischen Beratung und
    Psychotherapie 138

Kapitel 10
Formen der Einzelberatung 145
10.1 Überblick 145
10.2 „Coaching" als Teil der Führungsaufgabe:
     Der Vorgesetzte als „Coach" 147
10.3 Mentoring und Sponsoring: Die Beratung im
     Rahmen von „Patenschaften" 152
10.4 „Coaching" mit Gruppen? 154
10.5 Eingeschränkte Formen von Beratung 159

Kapitel 11
**Einzelberatung als Standardangebot betrieblicher
Personalentwicklung** 165
11.1 Der personalwirtschaftliche Hintergrund 165
11.2 Die Einzelberatung als Standardverfahren der
     Personalentwicklung zu verschiedenen Anlässen ... 169
11.3 Die Beziehungen zwischen Berater und
     Personalentwicklung 179

Kapitel 12
Rolle und Funktion des Einzelberaters 189
12.1 Qualifikationen für Berater 189
12.2 Die Rolle der Selbsterfahrung in der
     Beratungsarbeit 194

12.3 Ohne Supervision geht es nicht 196
12.4 Beraterische Kollegialität 198
12.5 Der interne Berater 201
12.6 Die Frage der Honorierung von
     Beratungsleistungen 203

Stichwortverzeichnis 207
Literaturverzeichnis 211

Vorwort zur 4. Auflage

In den fünf Jahren seit dem Erscheinen von „Coaching für Manager" haben sich die Usancen um diese Arbeitsform auf erfreuliche und unerfreuliche Weise normalisiert. Einerseits ist die Einzelberatung von (angehenden) Führungskräften zur gängigen Praxis in vielen (Groß-)Unternehmen geworden. Andererseits ist der Begriff Coaching – wie befürchtet – derartig inflationiert worden, daß er seinen ohnehin unscharfen semantischen Gehalt weitgehend eingebüßt hat. „Coaching" wird inzwischen in irgendeiner Form in nahezu allen Arbeitszusammenhängen betrieben und angeboten, zumindest wird dieses sprachliche „label" für die unterschiedlichsten Tätigkeiten reklamiert.

In dieser Situation fällt es schwer, die fachliche Übersicht zu behalten und scharf einzustellen, in welcher Situation für welche Problemlage welche Art von „Coaching" eingesetzt werden soll. In der Überarbeitung habe ich mich deswegen dazu entschlossen, mich von dem modisch gewordenen Begriff weitgehend zu verabschieden, und rede statt dessen vorzugsweise von der „Einzelberatung für Führungskräfte" oder einfach von Beratung. Um dem veränderten Interesse der potentiellen Nutzer dieses Verfahrens zu entsprechen, habe ich weiterhin versucht, die vielfältigen Erfahrungen der letzten Jahre zu handhabbaren Aussagen zusammenzufassen, was die Modalitäten bei Indikation, Auswahl und Ablauf einer solchen personenzentrierten Beratung betrifft. Im übrigen haben sich Gliederung und Inhalt über weite Strecken als konzeptionell stabil erwiesen. Ich hoffe, daß der Nutzen des Buches auf diese Weise dem Fortschritt der professionellen Praxis entspricht.

Darmstadt, Juli 1997   Wolfgang Looss

Aus dem Vorwort zur 1. Auflage

Man verzeihe mir, daß dieses Buch nur wenige Checklisten, Bildchen und Schemata enthält. Menschliches Erleben läßt sich nicht ungestraft in technischen Zeichnungen abbilden. Man verzeihe mir die Gewalt, die ich den Humanwissenschaften antue, indem ich versuche, sie in Teilen für die – mir auch vertraute – technologisch orientierte Welt des Managements anschlußfähig zu machen. Sie werden dort dringend gebraucht. Irgendwann, so hoffe ich, werden wir uns entscheiden müssen, die Wissenschaft vom arbeitenden Menschen – in seinen Erlebens- und Kontaktbezügen innerhalb unserer Institutionen und Wirtschaftsorganisationen – wieder auf humanwissenschaftliche, d.h. letztlich philosophische Art zu betreiben. Die Betriebswirtschaftslehre und der gesunde Menschenverstand werden sich damit abfinden müssen, daß ihre Aussagengebäude hinsichtlich des Menschen und seines Umgangs mit dem Menschen für eine komplexer gewordene und gefährdetere Welt wohl doch zu reduktionistisch sind. Sie haben ihre Chance gehabt.

Ich habe bei diesem denkend-schreibenden Aufenthalt an der Grenze zwischen zwei Erklärungssystemen viel Ermutigung und praktische Hilfe erfahren, für die ich mich hier bedanken möchte. Annette Stappert, die mein berufliches Treiben schon seit mehreren Jahren kritisch-solidarisch unterstützt und mich liebevoll-unnachgiebig immer wieder an meiner eigenen Praxis mißt, hat nicht nur auch diesem Manuskript mit ihrem unbestechlichen Blick eine Klarheit gegeben, zu der ich oft nicht fähig war. Meine Kolleginnen und Kollegen aus unserer Beratungssozietät, Sabine Stadelmann, Max Lanzenberger und Richard Timel insbesondere, waren nicht nur kenntnisreiche und zugewandte Gesprächspartner, sie haben mir auch terminlich, organisatorisch und finanziell den Rücken frei gehalten. Silvia Ganß hat mehr als die übliche Sekretariatsarbeit geleistet, um mir die nötigen stillen Stunden zu ermöglichen. Viele berufliche und private Freunde aus dem Beraterclan der interdisziplinären Grenzgänger haben mit ihrer Kooperation, ihrer bereitwilligen Hergabe von Erfahrungen und Wissen dazu beigetragen, daß ich mich in dieser anspruchsvollen und manchmal einsamen Zwischenwelt pädagogisch-psychosozialer und technisch-wirtschaftlicher Bezüge als Lernender und Lehrender so lange aufhalten konnte. Und viele Klienten haben mich vertrauensvoll – und gewiß nicht immer ohne Befürchtung – in ihr Leben und Erleben als Manager und Menschen schauen lassen, haben ihre Erfahrungen mit mir geteilt und mich dadurch mit dem „Material" versorgt, daß ich hier konzeptiv auswerte.

Ich hoffe, daß dieses Buch zur Intensivierung und Qualifizierung der Diskussion um Coaching beiträgt. Ich wünsche mir, daß diese Arbeitsform endlich einmal aus der Mühle modischer Trends in der Managementwelt herausgehalten wird, jenem Karussell immer neuer Heilserwartungen und Enttäuschungen, die die Diskussion um Managementinstrumente so oft kennzeichnet. Irgendwann müßte doch klar werden, daß das Problem des zwischenmenschlichen Umgangs mit immer neuen Sozialtechnologien nicht zu lösen ist. Vielleicht können wir endlich aufhören, solche Patentrezepturen ständig zu erfinden, sie bis zur Unkenntlichkeit zu verwerten und sie dann – ausgetreten wie einen alten Schuh – verächtlich fallenzulassen.

Frankfurt, Juni 1991   Wolfgang Looss

Factor O

Erneuernd
Verfügt häufig über zahlreiche Interessen. Mag neueste Technologien und strategische Ansätze. Ist oft wissbegierig, selbstbeobachtend und nachdenklich. Sucht neue Erfahrungen und macht sich Gedanken über die Zukunft. Sieht sich selbst vielleicht als strategischen Denker, kreativ, fantasievoll oder künstlerisch. Ist möglicherweise liberaler als die meisten und beschäftigt sich gern mit Theorien und Konzepten. Kann als unpraktisch und schnell gelangweilt gelten.

Factor A

Vermittelnd
Wechselt problemlos zwischen rivalisierenden und kooperativen Verhaltensweisen, strebt gewöhnlich ein Win - Win -Situation an. Hat eine klare Vorstellung von persönlicher Identität, ist weder anhängig noch unabhängig. Arbeitet selbstständig genauso gut wie als Teammitglied. Wird schlimmstenfalls als unschlüssig empfunden, weil er bestrebt ist, gegensätzlichen Positionen zu einem Kompromiss zu verhelfen.

Factor C

Focussiert
Arbeitet in der Regel fleißig, diszipliniert und zuverlässig auf Ziele hin. Der Verstand ist vergleichbar mit einem seriellen Prozessor, der linear und sequenziell arbeitet. Ist sehr bestrebt, Ziele zu erreichen und dementsprechend gut vorbereitet und organisiert. Setzt verfügbare Zeit sehr konzentriert ein, um gesteckte Ziele zu erreichen. Kann als arbeitswütig, herrisch, zwanghaft, peinlich genau, stur oder unflexibel gelten.

Factor N

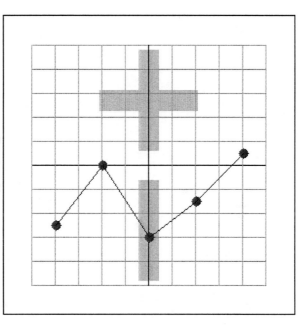

Besonnen
Ist normalerweise ruhig, gefasst und sicher. Manchmal können Überraschungen, Druck, Notfälle oder stressbehaftete Umstände zu Ängstlichkeit, Reizbarkeit, Entmutigung oder anderen Stressreaktionen führen. Verfügt über ein begrenztes Maß an Energie zur Stressbewältigung am Arbeitsplatz. Benötigt möglicherweise etwas Zeit, um eine Krise zu verarbeiten, bevor eine Rückkehr zur Routine oder Inangriffnahme Problemlösung möglich ist.

Factor E

Ambivertiert
Kann in der Regel sehr gut zwischen zurückgezogener Tätigkeit und Zusammenarbeit mit anderen variieren. Empfindet ein Zuviel beider Extreme als unbefriedigend. Verfügt über begrenzte Energie zur

Kapitel 1
Schnellübersicht: Worum geht es bei der Einzelberatung von Führungskräften?

Coaching ist – verkürzt formuliert – personenbezogene Einzelberatung von Menschen in der Arbeitswelt. Wer jedoch wen in welcher Form berät oder trainiert, anleitet oder anfeuert und zu welchen Themen, darüber sind sich weder Anbieter noch Nutzer dieser Dienstleistung besonders einig. Mittlerweile haben diejenigen, die als „Coaches" tätig sind, ihre jeweils eigenen Varianten durch Versuch und Irrtum gefunden. Auf der Suche nach einem gemeinsamen Kern finden wir zunächst nichts anderes als zwei Personen, die im Kontext der Berufstätigkeit miteinander in eine oft unscharf bestimmte, aber zu bestimmende Beratungsbeziehung eintreten. Die Spielarten reichen dabei inzwischen von „begleitender Persönlichkeitsentwicklung für Top-Manager" bis hin zum „Mitarbeiter-Coaching", das ein Vorgesetzter im Rahmen seiner „entwicklungsorientierten Führungstätigkeit" betreiben solle. Das Coaching-Konzept wird seit Mitte der 80er Jahre (wieder) im Rahmen der Managemententwicklung diskutiert und betrieben, und immer wieder versuchen die Adepten der unterschiedlichen Varianten, den Begriff „Coaching" jeweils „exklusiv" für die von ihnen präferierte Vorgehensweise zu reklamieren. Die Verständigung ist damit erschwert, und es dient der Klarheit für unsere Zwecke, wenn wir zukünftig in diesem Buch von „Einzelberatung für Führungskräfte" sprechen. Im weiteren Verlauf der ersten Kapitel werden wir uns allerdings noch näher mit verschiedenen anderen Erscheinungsformen von „Coaching" befassen.

Eine der beiden beteiligten Personen bei dieser Beratungsarbeit heißt häufig „Coach" oder „Berater"[1], und es herrscht zwangsläufig auch nach Jahren der Praxis noch wenig Einigkeit darüber, wer eigentlich ein Coach ist, wer einer sein kann, sein darf oder sein soll. Es ist auch strittig, ob es sich beim Coach um eine Funktion handelt, die man als sonstiger Berater oder etwa als Vorgesetzter übernehmen könne oder gar um einen neuen Beruf, mit dem sich nach verbreiteter Ansicht im Zuge der allgemeinen Beratungseuphorie schnell viel Geld verdienen läßt. Es ist auch angesichts der vielen Angebote und Presseveröffentlichungen unklar geblieben, ob und wie sich ein solcher „Coach" im einzelnen denn nun in seiner Tätigkeit von einem Unternehmensberater, einem „normalen" Vorgesetzten, einem Managementtrainer oder einem Psychotherapeuten unterscheidet. Während manche Experten der Führungskunst inzwischen jeden Vorgesetzten dazu verpflichten möchten, im Rahmen seiner Führungsarbeit seine Mitarbeiter zu „coachen", sehen andere jede Person in der Coach-Rolle, die einer anderen Person Anleitung, Ratschläge oder einfach nur ein offenes Ohr bietet.

Ich folge nach wie vor der Ansicht, daß im eigentlichen Sinne unter einem „Coach" ein – vorzugsweise externer – Einzelberater für die personenzentrierte Arbeit mit Führungskräften zu verstehen ist. Kennzeichen eines solchen Beraters ist – entsprechend der Aufgabe – eine interdisziplinär angelegte Schnittfeldqualifikation, die ihre Wurzeln in einem humanwissenschaftlichen Zugang einerseits (Psychologie, Pädagogik, Philosophie) und einem sachrationalen, technisch-wirtschaftlich orientierten Vorverständnis von Management andererseits hat. Diese Mischung von Qualifikationen und Erfahrungen ist not-

---

[1] Ich bin mir der Tatsache bewußt, daß alle genannten Rollen und Funktionen von männlichen und weiblichen Personen übernommen werden können und auch übernommen werden. Es gibt männliche und weibliche Vorgesetzte, Mitarbeiter, Teilnehmer, Klienten, Manager, Personalentwickler, Berater, Therapeuten und Coaches. Ich meine – unabhängig von der männlichen Sprachform – stets Vertreter und Vertreterinnen beider Geschlechter. Ich kenne bisher keine sprachlich überzeugende Lösung dieses Dilemmas.

wendig, weil die personenbezogene Beratung von Führungskräften ein konzeptionelles Implantat darstellt, das mit theoretischen und praktischen Anleihen aus verschiedenen Disziplinen arbeitet. Die in den Humanwissenschaften entwickelte Form beraterischer Beziehungsgestaltung muß dabei z.B. im völlig anders gearteten Kontext von „Management" adaptiert werden. Die nötigen und sinnvollen Qualifikationen für einen so verstandenen Führungskräfteberater werden in einem späteren Abschnitt dieses Buches noch ausführlicher abgehandelt.

Ein „Coach" ist ein (externer) Einzelberater für die personenzentrierte Arbeit mit Führungskräften entlang der Frage, wie die Managerrolle von der Person bewältigt wird.

Die andere der beiden am Geschehen beteiligten Personen heißt üblicherweise Klient, manchmal auch Kunde oder neudeutsch auch „Coachee". Er oder sie läßt sich auf diese Veranstaltung „Coaching" ein, um etwas persönlich und beruflich Bedeutsames für sich zu klären, zu erlernen, zu besprechen, einzuüben, auszuwerten oder herauszufinden. Das hinter solchem Bemühen stehende Ziel kann dabei sehr unterschiedlich sein, oft ist es zu Beginn des Beratungsprozesses noch nicht einmal bekannt. Es mag dabei um Leistungssteigerung gehen, es kann sich um den Erwerb neuer Fähigkeiten handeln, um das Auswerten von gemachten Erfahrungen, um emotionale Entlastung, um gemeinsames Nachdenken, Konfliktbearbeitungen, Ausprobieren neuer Verhaltensweisen, die Vorbereitung persönlicher Entscheidungen oder noch andere Absichten und Fragestellungen.

Die Einzelberatung von Führungskräften beschreibt damit ein Beziehungsgeschehen besonderer Art: anders als andere personenorientierte Beratungs- und Beziehungssituationen spielt sich diese Beratung in der Arbeitswelt ab, der Klient ist meist eine Führungskraft, und die auftauchenden Themen und Ziele sind überwiegend auf die Arbeitswelt und die Berufsrolle des Klienten bezogen. Genaueres werden wir im Abschnitt über Anlässe und Symptome untersuchen.

Kapitel 2
Der Bedarf an Führungskräfteberatung

Die Suche nach dem endgültigen Erfolgsrezept für die Tätigkeit von Führungskräften mutet an wie die Suche nach der blauen Blume der Romantik. Immer neue Konzeptionen dämmern am Horizont herauf, sind Gegenstand großer Hoffnungen und Lernanstrengungen, werden publiziert und aufgenommen, ausprobiert, propagiert, kritisiert, verfochten und verworfen. Ob Kooperative Führung und diverse Management-by ...-Konzepte, ob Human-Relations-Training, Gruppendynamik, Outward-Bound-Trainings, Szenario-Technik, Strategische Planungsportfolios, Motivationstheorien, Führungsethik, Personalentwicklung, Total Reengineering, Marketing nach Clausewitz, Dialektik und Machiavellismus, Projektmanagement, Corporate Identity, Unternehmenskultur, Matrixorganisation, Transaktionsanalyse oder Target Costing, man kann dem Management wahrlich nicht vorwerfen, es sei nicht experimentierfreudig und willig, alles, aber auch wirklich alles auszuprobieren, was mit dem Versprechen daherkommt, die Wirksamkeit der Managementanstrengungen zu erhöhen. Ein gelegentlicher Gang durch die entsprechenden Abteilungen großer Buchhandlungen zeigt die Fülle der Rezepturen, die bereits publiziert sind. Auf dem Markt der Seminarveranstalter wird diese Vielfalt einschließlich aller exotischen Spielarten noch deutlicher.

Keiner dieser vielen Versuche ist völlig vergeblich gewesen, aus den meisten Arbeitsansätzen und Heilslehren ist ein Rest an dauerhafter Erkenntnis zurückgeblieben. Es sind gedankliche Bezugssysteme, Begrifflichkeiten und Denkgewohnheiten entstanden, die jene seltsame Mixtur weiter formen, die da „Management" genannt wird. Die Schwierigkeit liegt häufig in den überzogenen Erwartungen, die eine solche neue Botschaft jeweils weckt: Weil es das Rezept für die Lösung praktischer Fragen natürlich nicht geben kann, sind die Enttäuschungen vorprogrammiert, und der Blick wird schon auf die nächste „absolute Erfolgsmethode" gerichtet. Das Mißverständnis liegt wohl darin, daß Manager immer noch auf der Suche nach einer „Technologie" sind, obwohl die Managementaufgabe nun mal zu jenen schlechtdefinierten Problemen gehört, die mit einem (sozial-)technologischen Arbeitsansatz nicht zu lösen ist. Unter Technologie verstehe ich dabei eine vorausgedachte und sinnfällige Anordnung von beschreibbaren Verfahrensweisen und Handlungsschritten: Eine Technologie sagt mir, was ich tun muß, um ein vorausgedachtes Ergebnis zu erzielen.

Da sich inzwischen herumgesprochen hat, daß Organisationen keine „Trivialmaschinen" sind, sondern lebendige Systeme, die leider auf einen Impuls mal so und mal so reagieren, sind solche Technologien endlich fragwürdig geworden und haben einem komplexeren Verständnis von der Funktion „Management" Platz gemacht.

Solcher Verzicht auf den Einsatz irgendwelcher planbarer Konzepte, wie er in den letzten Jahren immer wieder propagiert und beschrieben worden ist, erzeugt ein erhebliches Maß an Unsicherheit unter Managern. Wer sachrational und naturwissenschaftlich vorgebildet ist, sieht ungern ein, daß es wirklich keinen Algorithmus zur Bewältigung hochkomplexer Aufgabenstellungen geben soll. Nehmen wir nun noch die vielzitierten Turbulenzen hinzu, denen Unternehmen heute ausgesetzt sind, so sieht sich der Manager in einer ausgesprochen unübersichtlichen und labilen Situation mit Märkten, die immer globaler werden, einer Technik, die immer schneller veraltet, und mit Mitarbeitern, deren Wertorientierungen sich in unvorhergesehene und kaum noch beeinflußbare Richtungen bewegen. Wir fügen ihm als Umfeld noch ein Wirtschaftssystem hinzu, das sich dank der modernen Medien als globales Dorf begreifen kann, addieren die Konsequenzen des technizistischen Vorgehens, deren enormes Gefährdungspotential offenkundig geworden ist, würzen das Ganze mit einem Beschleunigungseffekt für gesellschaftliche und politische Veränderungen und setzen den Manager dann noch einem hohen Erwartungsdruck hinsichtlich seiner ökonomischen Ergebnisse aus. Es bedarf keiner langen Analyse, um zu verstehen, daß Führungskräfte sich nach zusätzlichem Support für die tägliche Arbeit umschauen.

In unsicheren Zeiten suchen Menschen nach Unterstützung, insbesondere, wenn sie – wie bei Managern nun mal üblich – an den Konsequenzen ihres beruflichen Handelns gemessen werden. Noch nie gab es so viele Beratungsaktivitäten im System der Wirtschaft, noch nie gab es so viele Selbsthilfebücher und publizierte Ratgeber für alles und jedes, noch nie haben Menschen sich derart intensiv in Gruppen und Zirkeln zusammengefunden, um über sich und ihr Leben, ihre Arbeit und ihre Beziehungen zu sprechen und zu lernen. Insofern ist es nicht verwunderlich, daß auch Manager nach Formen suchen, wie sie ihre Orientierung steigern oder wiedergewinnen können. Was dem einen die Lektüre eines Sachbuches, ist dem anderen sein persönlicher Berater.

Das besondere an dieser Situation ist lediglich, daß die Suche nach erweiterter Unterstützung nun auch die eigene Person der Führungskraft mit einschließt. Nicht mehr Konzepte und Instrumente allein, nicht mehr nur Sachwissen und zu erwerbende Fähigkeiten sind es, die nachgefragt werden, dem wäre ja mit dem vorhandenen Apparat von Schulung, Training und Expertenberatung in der Wirtschaft durchaus zu begegnen. Nein, es geht nun tatsächlich um die Person des Managers selbst: Er empfindet „innerhalb der Grenzen seiner Haut", daß er nicht mehr hinreichend ausgestattet ist für seine Tätigkeit. Er bemerkt, daß seine Anstrengungen, die so komplex gewordenen Fragestellungen zu bewältigen, ihn als Person verändern. Er bemerkt auch beim Blick um sich herum, daß die Bewältigungsversuche des Systems „Management" eben dieses System in seiner Leistungsfähigkeit weiter vermindern, die Lösungsanstrengungen sind bereits ein Teil des Problems geworden. Dies gilt klassisch z.B. für die Informationshandhabung in Krisenzeiten: Üblicherweise werden immer dann Informationen als Vermögensgegenstände behandelt und gehortet, wenn die Zeiten schwierig und die Verhältnisse unübersichtlich werden. Die Konsequenz solcher individuellen Absicherungsstrategien ist bekannt: Es entstehen Gerüchte, und es wird nicht mehr entschieden, das manageriale Steuerungssystem wird insgesamt schwerfällig und starr. Der gleiche Effekt läßt sich beobachten, wenn die Unsicherheit der Umwelt zunimmt und Entscheidungen dadurch risikoreicher werden: Die gängige Antwort des Managements sind verstärkte Kontrollbemühungen, um die Situation „im Griff" zu behalten. Diese wiederum erhöhen die Abhängigkeitsgefühle nachgeordneter Ebenen, es wird weniger entschieden, und die gesamte Organisation wird weniger handlungsfähig. Im Zuge dieser Zentralisierung von Informationen, Handlungsfähigkeit und Verantwortung kommt es mehr und mehr auf die Qualität der Person an der Spitze an, wodurch das Unternehmen anfälliger wird gegen Risiken usw. Nicht umsonst gibt es seit Ende der achtziger Jahre wieder einen Blick auf die Führungspersönlichkeit im Management, der als „leadership approach" zur neuen Patentlösung zu werden droht.

Nun ließe sich denken, daß in einer solchen Lage gestiegener Unsicherheit und versagender Managementtechnologien auch andere Instrumentarien heranzuziehen wären als ausgerechnet eine persönliche Einzelberatung der Führungskräfte. Hier greift allerdings ein weiterer schwieriger Zirkel von Wirkungen: Grundsätzlich müssen in einer solchen Situation von allen Beteiligten Lernanstrengungen unternommen werden. Lernen aber bedeutet immer auch die sichtbare Feststellung, daß jemand nicht mehr weiter weiß, eine Aussage, die überhaupt nicht in das Selbstbild des Managers paßt. Er muß zudem vermuten, daß die Umwelt, die ihn beim Lernen „erwischt", davon ausgeht, daß sein Handlungspotential offenbar eingeschränkt ist, was wiederum die Unsicherheitsgefühle in der Organisation steigert: Wenn schon die Mächtigen zum Lernen gehen, muß die Organisation offenbar ernste Probleme haben, denn Lernen ist nicht der Mächtigen normale und zugewiesene Beschäftigung.

In der Konsequenz muß das Lernen von Führungskräften also diskret geschehen, muß die Klärung der ungelösten Fragen privatissime erfolgen. Damit bietet sich eine individualisierte Arbeitsform wie die personenbezogene Einzelberatung geradezu an. Sie erlaubt dem Manager, sich der Situation gestiegener Unsicherheit unter Wahrung der nötigen Diskretion zu überlassen und gleichzeitig zu versuchen, seine Rolle gegenüber der Umwelt dennoch aufrechtzuerhalten. Indem der Berater dem Manager hilft, sein Rollenbild vom Alleskönner vor anderen aufrechtzuerhalten, bleibt eine Managementkultur unangetastet, die solche unerschütterliche Leistungsfähigkeit als Leitbild zu benötigen glaubt. Dabei muß die – berufssoziologische – Frage einstweilen offen bleiben, ob nicht angesichts der Veränderungsintensität und des Paradigmenwechsels unserer Wirtschaftsgesellschaft eben dieses Managerleitbild zusammenbrechen müßte. Die Diskussion darüber ist jedoch in vollem Gang.

Kapitel 3
Die konzeptionellen Quellen der Führungskräfteberatung

3.1 Spektrum Management

Management ist eine Tätigkeit, die im Laufe ihrer Ausformung bis zu den heute gängigen Varianten immer wieder fachliche Anleihen in anderen Disziplinen machen mußte. Eine alte und immer noch gern aufgesuchte Quelle für das Management-Know-how war und ist das gesamte Handlungsfeld „Militär". Management ist – wenn man seine Sprache anschaut – auch heute noch eine paramilitärische Veranstaltung. Da werden „Werbefeldzüge" geführt und „Kämpfe an der Preisfront" ausgetragen, da werden „Marktanteile gewonnen", „Strategien" erarbeitet, da hat ein Manager eine „ganz schlagkräftige Truppe", da ist vom „Korpsgeist" die Rede usw. Auch die Managementliteratur greift diese Analogie immer wieder gerne auf.

Eine weitere klassische Teilwelt, in der Management sich bereits in früher Zeit konzeptionell versorgt hat, ist die Welt der Verwaltung mit ihren Regeln, Plänen, Bestimmungen, Richtlinien, Kontrollen usw. Die frühen Organisationsformen des Industriezeitalters kamen lange Zeit mit diesen beiden Quellen – Militär und Verwaltung – aus, um die Leitungsaufgaben in den Manufakturen und Fabriken zu bewältigen. Es waren erst wieder einige gesellschaftliche Veränderungen nötig, bevor das Management gezwungen war, sich erneut in anderen Disziplinen umzusehen, um die erstmals auftretenden „Führungsprobleme" im zwischenmenschlichen Bereich anzugehen.

Führung ist eine vergleichsweise noch junge eigenständige Tätigkeit im Rahmen des Managements, die inzwischen wohl jedem Manager vertraut ist, unabhängig davon, auf welche Art und Weise, in welchem „Führungsstil" er sie betreibt. Mitarbeitergespräche zur Zielvereinbarung, Motivation, Anleitung, Anweisung, Klärung, Konfliktbearbeitung, Auswertung und Kontrolle werden in der einen oder anderen Form sicher von allen Führungskräften durchgeführt. Inzwischen hat die Führungslehre ihre wesentlichen gedanklichen und konzeptionellen Anleihen bei anderen Disziplinen hinter sich: Schon die klassische Führung als Form zielorientierter Beziehungsgestaltung ist – konzeptionell gesehen – bereits eine Mischung aus Pädagogik, Psychologie, Kommunikationstheorie, Soziologie, gesundem Menschenverstand und praktischer Lebenserfahrung. Im Rahmen der Human-Relations-Bewegung der vierziger Jahre wurde dieser Transfer aus der Psychologie und Sozialpsychologie umfassend bewältigt.

All diese fachlichen Anleihen sind im Management inzwischen so weitgehend etabliert, daß die Quelldisziplinen ihre Aussagengebäude z.T. kaum noch wiedererkennen. Jedenfalls werden unter Zuhilfenahme all dieser ausgeborgten und modifizierten Aussagensysteme Management und Führung mit ihren Teilgebieten gelehrt und gelernt, publiziert und beforscht *(siehe Abb. 1)*.

Auch in jüngster Zeit ist unter Stichworten wie „Personalentwicklung", „Gruppenarbeit" oder „Organisationsentwicklung" die Verantwortung des Managers für den Mitarbeiter und für das komplexe Geschehen der Leistungserstellung noch einmal kräftig erweitert worden. Mitarbeiterqualifikation, Karriereplanung, die fachliche und überfachliche Weiterentwicklung von Mitarbeitern werden bereits als Inhalte einer zusätzlichen und originären Vorgesetztenaufgabe definiert. In Unternehmen, die sich der Idee von Personalentwicklung verschrieben haben,

Fachgebiet	Beispiel für importierte Konzepte	Ungefährer Zeitraum
Militär	Befehl Disziplin Strafe	
Verwaltung	Ordnung Regeln Planung	19. Jhdt.
Technik	Scientific Management Arbeitsstudien	1910–1940
Psychologie	Human Relations Motivationstheorie Entscheidungsfindung	seit 1940
Sozialpsychologie	Gruppendynamik Teambildung Führerrolle	seit 1950
Psychotherapie	Aktives Zuhören Transaktionsanalyse Verhaltensmodifikation NLP	seit 1960
Biologie Kybernetik	Systemtheorie Vernetztes Denken	seit 1975

Abb. 1: Fachliche Anleihen des Managements

wird – mit jeweiliger Unterstützung des Personalwesens – auch bereits mit einem so nochmals erweiterten Führungsverständnis gearbeitet, auch wenn die Turbulenzen in den Organisationen solche Entwicklungsangebote inzwischen sehr erschweren.

Nun taucht offenbar zusätzlicher Bedarf an beraterischer Zuwendung auf: Das Handlungsfeld „Einzelberatung" erfordert einen neuen forschenden Blick in benachbarte Disziplinen. Dabei soll die Anleihe nicht zu mühsam sein, erwünscht wären möglichst verträgliche Konzepte, die den Lernaufwand und die Integrationsbemühungen in vertretbaren Grenzen halten.

Der einstweilen einzige Ansatzpunkt, den das Handlungsfeld „Management" schon direkt zur Entwicklung einer Beratungsfunktion im weitesten Sinne zu bieten hätte, ist die jüngste Ausweitung in Gestalt der „Personalentwicklung", die allerdings erst in einer Minorität von Unternehmen betrieben wird. Die Beratungssituation ist jedoch in ihrer ungewohnten Nähe und Intimität nochmals anders, und deswegen muß sich der suchende Blick über den Zaun auf bisher unbekanntes Know-how-Territorium richten *(siehe Abb. 2).*

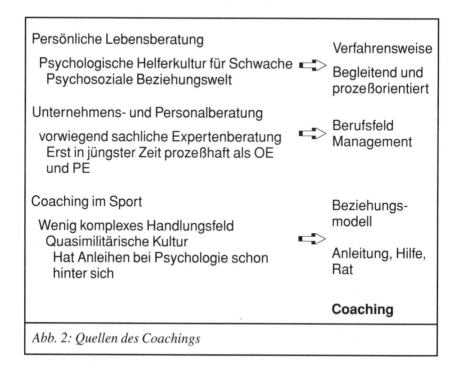

Abb. 2: Quellen des Coachings

Offensichtlich entsteht beim Beraten eine neue – im Management originär so bisher nicht existente – Form der Arbeitsbeziehung. Management kennt Kundenbeziehungen, Wettbewerbsbeziehungen, hierarchische Führungsbeziehungen, Kollegialbeziehungen und natürlich die Palette privater Beziehungen (Verwandtschaft, Nachbarschaft, Bekanntschaft, Freundschaft, Liebe, Ehe). Letztere wurden allerdings aus dem Berufsleben mit gutem Grund herausgehalten.

Die nun auftauchende Beratungsbeziehung ist in ihren Ausprägungen z.B. von Intimität und gleichzeitiger Bezahlbarkeit, persönlicher Thematik und gleichzeitiger Neutralität dem Management noch weitgehend unbekannt und nicht geläufig.

Es entstehen damit neue, bisher unbekannte Kontaktformen und Usancen zwischen einem Manager in seiner ihm geläufigen Rolle und einer weiteren Person, dem Berater. Es entstehen auch neue, dem Management als Handlungsfeld nicht geläufige Themen: In der Beratung wird die persönliche Befindlichkeit, werden u.U. Haltungen, Einstellungen, Emotionen, Eigenheiten und Verhaltensweisen thematisiert. Es entstehen auch neue Wertfragen, die etwa das Thema „Stärke und Schwäche", Vertrauen, Intimität, Reflexionsnotwendigkeit und persönliche Grundmuster der Problemlösung betreffen.

Wo können wir also „konzeptionelles Fremdkapital" aufnehmen, um solche neuen Arbeitsformen in die arbeitsbezogene Welt des Managements einzubauen?

Das Handlungsfeld „Sport" bietet sich deswegen an, weil es dort auch um Leistung geht. Das Handlungsfeld „Beratung", selbst bereits eine konzeptionelle Mischung aus Pädagogik und Psychologie, war dem Management schon oft fruchtbar, und es gibt auch bereits eine Zahl von traditionellen Berührungspunkten, weil Mächtige sich schon immer sachlich-fachlich beraten ließen.

Auch könnte man direkt bei der Pädagogik, der Psychologie und sogar bei der Psychotherapie nachfragen, auch wenn diese Disziplinen dem aktionsorientierten Manager oft doch sehr fremd und exotisch erscheinen.

Wir wissen bereits aus den früheren Ausflügen in verschiedene Herkunftsdisziplinen, daß wir die dort gängigen Konzepte heftig werden verändern müssen, damit sie in der Welt des Managements überhaupt anschlußfähig sind. Wir wissen auch, daß es für eine Übergangszeit Leute geben wird, die nach dem Motto „Ich hab's, ich hab's" die anscheinend bereits gelungene Anpassung vermelden. Bei näherem Hinsehen stellt sich dann oft heraus, daß sie einstweilen nur die leicht übertragbaren konzeptionellen Tortenstücke in ihr Handeln eingebaut haben und nun – wieder mal – eine schnelle, aber unzureichende „Technologie" anbieten, die wieder neue Enttäuschungen produzieren wird. Die vorschnelle und kurzatmige Adaption des Neurolinguistischen Programmierens als neueste Manipulationstechnik in das Managerhandeln ist eines der jüngsten Beispiele solcher vorzeitigen Scheinintegration.

3.2 Die Quellen für ein managementorientiertes Konzept persönlicher Beratung

Ein Blick ins Wörterbuch: „Raten" hieß ursprünglich, „sich geistig etwas zurechtlegen, aussinnen", später dann auch „Vorsorge treffen". Mit „Rat" wurden einst sowohl die Besorgung der notwendigen Mittel zum Lebensunterhalt als auch diese Mittel selbst bezeichnet. In Begriffen wie „Hausrat, Vorrat, Gerät, Unrat, Zierrat" hat sich diese Bedeutung bis heute erhalten. Im weiteren Sinne war „Rat" dann der allgemeine Begriff für Fürsorge und Abhilfe, also für den Prozeß praktischer Lösung von (Über-)Lebensproblemen. Eine zweite Bedeutung für

„Rat und raten" bezog sich auf das Deuten von Zeichen und Runen („Rätsel") und betraf dann auch das Lesen, wie es noch im englischen „read" sprachlich erhalten ist. Später wurde mit dem Begriff dann auch die entsprechende Veranstaltung, Person oder Institution bezeichnet, bei der und durch die dieses Deuten und Lesen zum Zwecke praktischer Problemlösung betrieben wurde (Stadtrat, Geheimrat, Rathaus).

„(Be-)Raten" ist also die (meist von mehreren betriebene) Suche nach einer Antwort auf eine Frage oder auf eine Herausforderung in einer problematischen und unbekannten Lebenssituation. Bei bekannten Problemen braucht es keinen Rat, weder als Vorgang noch als Veranstaltung, weil man weiß, was zu „tun" ist, also „zur Tat schreitet". Ist die zu bewältigende Situation jedoch erstmalig, den Betroffenen unbekannt und dazu problematisch, gibt es im Prinzip zwei Möglichkeiten, handlungsfähig zu werden:

Es ist denkbar, daß sich jemand finden läßt, der die Antwort auf die Frage oder Problemsituation bereits kennt. Der so gefundene „Experte" hat rasch eine Vorgehensweise zur Lösung parat, erteilt einen „Ratschlag", und die Betroffenen können handeln.

Ist jedoch für die anstehende neue Problemlage oder Frage kein Experte aufzutreiben, der aus seinem „Vor-Rat" einen Rat geben könnte, dann muß angesichts der Neuheit des Problems gemeinsam und frisch „beraten" werden. Man tritt in einen Prozeß ein, bei dem es darum geht, die Antwort auf das „Rätsel der Situation" erst noch zu finden. Dabei kann es durchaus hilfreich sein, jemanden dabei zu haben, der sich in diesem Vorgehen des gemeinsamen Beratens gut auskennt. Ihm, dem Fachmann für Prozesse der Lösungssuche, ist insbesondere die unbehagliche Situation des allgemeinen Noch-Nicht-Wissens geläufig. Er (oder sie) ist geübt darin, neue Vermutungen zu produzieren, und gleichzeitig deren Vorläufigkeit und das Noch-Nicht-Handeln-Können auszuhalten. Diese spezifische, fördernde, auf das Vorgehen und nicht auf den Probleminhalt bezogene Dienstleistung nennt man in den pädagogisch-psychologischen Arbeitszusammenhängen üblicherweise „Beratung". Erst wenn die gemeinsame Reise in die Unsicherheit und Vorläufigkeit mit einem „Ratschluß/Entschluß/Beschluß" vorläufig beendet worden ist, können die Betroffenen wieder handeln.

Beratung – sowohl in Form des verfügbaren Expertenwissens wie auch in Gestalt der Begleitung der Betroffenen bei der Erarbeitung ihrer Lösungen – gibt es in institutionalisierter Form für viele Lebensbereiche. Beratungsstellen und Beratungsorganisationen, Beratungsinstitute und Beratungsfirmen für die unterschiedlichsten Probleme, Personengruppen und Lebensfragen (Erziehung, Rentenvorsorge, Verbraucherprobleme, Schwangerschaften, Drogeneinnahme, Steuerfragen, Rechtsfragen usw.) bilden eine eigene Infrastruktur in einer entwickelten Industriegesellschaft. Manchmal haben sie sich jedoch gemeinsam mit einer abgegrenzten Klientel auch schon zu einer eigenen Subkultur zusammengefunden. Auch Unternehmensberatungen der verschiedenen Spielarten gehören in diese Beratungslandschaft. Sie sind überwiegend als Expertenpools für Sachfragen tätig, die begleitende Beratungstätigkeit gibt es in Form der Prozeßberatung erst seit etwa gut zehn Jahren. Nur die individuelle, personenbezogene Beratung eines Managers ist vergleichsweise noch jung. Dies hat wohl mit dem erwähnten klassischen Idealbild des Managers zu tun: Von der Rolle her gilt im Management bekanntlich das Ideal des Alleskönners und professionellen Problemlösers, der gar nicht in die Situation kommt, „nicht mehr weiter zu wissen". Aus dieser Sicht ist die oben geschilderte Arbeit des erstmaligen Produzierens von Lösungen durch gemeinsame Reflexion unter der Begleitung eines Beraters dem Management zunächst eher fremd, zumal wenn der Berater nicht mal Experte für die anstehenden inhaltlichen Themen ist. Bestenfalls ein Expertenurteil würde der Manager klassischen Zuschnitts sich als beraterische Fremddienstleistung durch dafür geschaffene Stabsstellen oder beauftragte Beratungsfirmen besorgen, sofern er als Aktionsverantwortlicher dabei immer der Herr des Verfahrens bleibt. Dies hat Gründe, die mit dem gängigen und tradierten Belohnungssystem für Manager zusammenhängen: Da sich seine Tätigkeit unter den beurteilenden und bewertenden Augen von Vorgesetzten oder Aufsichtsräten vollzieht, ist es für den Manager wichtig, daß seine persönlichen Bemühungen zur Problemlösung auch als ursächlich für den eingetretenen Erfolg angesehen werden. „Beratung" im Sinne gemeinsamer Lösungsentwicklung bezieht sich im klassischen Managementverständnis denn auch ganz überwiegend auf die Behandlung von Sachfragen in entsprechenden Gremien („meetings"), deren oft unbefriedigender Verlauf zum großen Teil durch die Bemühungen bestimmt wird, eben diese Zurechenbarkeit von Managerleistung und Erfolg sicherzustellen.

Führungskräfte nehmen – das ist bekannt – die in der Gesellschaft schon vorhandenen Beratungseinrichtungen für individuelle Probleme und Schwierigkeiten praktisch nicht in Anspruch. In ihrer – zutreffenden – Vorstellung taucht dort vorwiegend eine Klientel auf, die sich selbst als problembehaftet und überfordert erlebt und „nicht mehr selbst zurechtkommt". Diese Vorstellung ist dem Manager nicht nur ausgesprochen fremd, sie ist in seiner Welt der Leistungsmessung auch karriereschädlich. Die in gängigen Beratungsstellen praktizierten Vorgehensweisen sind wohl auch nicht sehr „managementlike", und die dort tätigen Berater besitzen oft keine oder nur geringe Praxisfeldkompetenz für die Problemlagen der Managementrolle. Die gesellschaftlichen Veranstaltungen „Management" einerseits und „personenbezogene Beratung" andererseits finden bislang in streng voneinander getrennten Subkulturen statt.

Noch stärker wirkt diese kulturelle Trennung mit Blick auf das Arbeitsfeld „Psychotherapie". In der gesellschaftlichen Wahrnehmung wird Therapie ja häufig noch mit „Heilung von Krankheit" gleichgesetzt, und als „psychisch krank" kann sich nach dem gängigen Bewertungsmaßstab ein Manager nicht einstufen, ohne seine Rolle völlig zu verlieren. Das einzige, was er als ihm vertrauten Kontext annehmen kann, ist das reparaturorientierte medizinische Handlungsmodell: Wer krank ist, geht zum Arzt und wird behandelt. Um also eine psychotherapeutische Dienstleistung ohne Schädigung des Selbstbildes in Anspruch nehmen zu können, müßte ein klassischer Manager schon wirklich ernste psychische Probleme entwickeln. Im Gegensatz dazu gilt in der therapeutisch orientierten Lebenswelt inzwischen sehr viel stärker die Vorstellung, daß Therapie etwas ist, das man sich als intensive und luxuriöse Form des „Lernens über sich selbst" in jeder Lebenssituation ohne Einbuße an Selbstachtung gönnen kann. Diese Idee des „persönlichen Wachstums", die mit dem Psychoboom der siebziger Jahre aufkam, erreicht die gesellschaftliche Gruppe der Führungskräfte erst sehr allmählich.

3.3 Etablierte Formen der Beratung von Führungskräften

Die etablierten Beraterrollen im Rahmen der Wirtschaft sind Expertenrollen: Rechtsberater, Steuerberater, technische Berater unterschiedlicher Arbeitsgebiete, Berater für Teilbereiche der Betriebswirtschaft sind gängige Figuren im Unternehmensgeschehen. Als externe Stabsstellen fungieren Berater, wenn ein Unternehmen keine eigenen Ressourcen zur Problemlösung vorhalten kann oder will. Auch im Rahmen dieser sachbezogenen Beratungstätigkeit entstehen immer wieder besondere Vertrauensverhältnisse zwischen Führungskraft und Experte: Es entsteht auch hier eine neue Beziehungsqualität. Sie erlaubt es dem Manager manchmal, die schablonisierte Rolle des Alleskönners zu verlassen und sich „vertrauensvoll" auch einmal mit seinen Zweifeln und dem Nicht-Wissen in persönlich bedeutsamen Fragen eigenen Verhaltens oder der eigenen Beziehungsgestaltung an den Experten zu wenden, mit dem man in anderen Problemlagen gute Erfahrungen gemacht hat.

Die seit gut zehn Jahren langsam sich ausbreitende Form einer entwicklungsorientiert vorgehenden Prozeßberatung zu Organisations- und Personalfragen – inzwischen verbreitet unter den Begriffen „Organisations- und Personalentwicklung" – hat mit diesen etablierten Beraterrollen wenig Berührungspunkte. Ihr Vorgehen folgt dem schon skizzierten anderen, prozeßhaften Beratungsverständnis. Ihr geht es vorwiegend um Situationen, in denen ein Team oder eine Abteilung sich angesichts der Erstmaligkeit eines Problems oder einer Aufgabe auf den Weg macht, unter entsprechender Begleitung sein eigenes Potential zu benutzen, um die anstehende unbekannte Aufgabe zu lösen. In einem solchen Prozeß muß ein Manager etwas für ihn sehr Ungewohntes tun: Er muß auf schnelle Lösungen verzichten, er muß sich auf unsichere Situationen einlassen, Unwägbarkeiten aushalten, die Situation des „Noch-Nicht-Wissens" schätzen lernen und darauf vertrauen, daß aus dem „Chaos" die passende Lösung entstehen wird. Um diese fremdartige Erfahrung dem Manager aushaltbar zu machen, hat er den Berater für Organisations- und Personalentwicklung an seiner Seite. Dessen fachliche Quellen liegen bereits in den Human- und Sozialwissenschaften, viele Angehörige dieser jungen Beraterzunft rekrutieren sich aus der Berufsgruppe der Managementtrainer, die sich wiederum als eine besondere Untergruppe der beruflichen Erwachsenenbildner verstehen. In der entwicklungsorientierten Prozeßberatung für Organisations- und Personalfragen ist innerhalb der Beratungsberufe schon eine neue Mischdisziplin entstanden, die oft den Nährboden für Einzelberatungen von

Führungskräften abgibt. Das Beratungsverständnis ist in beiden Fällen prozeßhaft und richtet sich auf erstmalige Fragestellungen, für die es kaum inhaltliches Expertenwissen gibt. Zudem haben Organisations- und Personalentwickler die Auseinandersetzung mit dem an Aktionen und Ergebnissen interessierten Management bereits hinter sich. Und Führungskräfte, die sich bereits in ihren Organisationsfragen auf dieses' Beratungsverständnis eingelassen haben, können sich unter einer personenzentriert vorgehenden Einzelberatung schon etwas vorstellen. Die ersten Brücken zwischen den so unterschiedlichen Subkulturen sind damit erstellt.

3.4 Führungskräfteberatung als Analogie zum Trainer im Sport

Der Begriff „Coach" beschreibt eine Figur im Sport, und es scheint auf den ersten Blick bestechende Ähnlichkeiten zwischen Sport und Management zu geben: Hier wie dort geht es offenbar um Leistung und Leistungssteigerung, es geht um Motivation und Identifikation mit einer Aufgabe, es geht um geregelte Konkurrenz und um Gewinnen und Verlieren. Es geht um Belohnung und Status, die sich jeder verdienen kann, der gut genug ist in seiner Tätigkeit.

Die Analogie ist verführerisch, und sie trügt. Im Gegensatz zum Sport haben sich in den letzten Jahren wesentliche Randbedingungen im Management drastisch geändert. Das „Schneller-Höher-Weiter" als ein Ausdruck der einfachen Strategie „Mehr vom selben" mußte und muß im wirtschaftlichen Handeln zunehmend relativiert werden, wie sich angesichts der Wachstumsproblematik und der nachlassenden Steuerbarkeit von Unternehmen gezeigt hat. Verglichen mit dem Sport ist das Bedingungsgefüge für Managerhandeln ungleich komplexer geworden, die zu berücksichtigenden Dimensionen des Agierens um Größenordnungen vielfältiger.

Dennoch liefert uns die Analogie zum Sport in der Figur des Coaches eine Hilfe bei der Klärung dessen, welcher Natur die mit der Einzelberatung von Führungskräften verbundene Arbeitsbeziehung sein kann. Der Coach oder Trainer im Sport ist einerseits nämlich der erfahrene Experte einer Disziplin, ein klassischer „Senior", oft früher selber aktiv gewesen. Damit ähnelt er einer Figur, die wir auch im Management kennen: Der ältere Mitarbeiter mit viel Erfahrung, der als Mentor jüngeren Kollegen seine Kenntnisse und Erfahrungen weitergibt, sie anleitet, anfeuert, kritisiert, unterweist, belobigt und ihnen die Tabus und Ideale des jeweiligen Praxisfeldes weitervermittelt.

Man könnte sich mit dem zufriedengeben, was diese Analogie hergibt, und unter Coaching eine dem Sporttrainer ähnliche erweiterte Betreuungsfunktion des Managers für jüngere Führungskräfte verstehen. Allerdings ist diese Art der Beziehungsgestaltung für Vorgesetzte ganz besonders schwierig, insbesondere, wenn es um eine personenzentrierte Beratung von Mitarbeitern auch in persönlich schwierigen Situationen und zu persönlich bedeutsamen Themen geht. Hier hat sich ein Dilemma der Führungsfunktion aufgetan.

So wie im Sport Leistungssteigerung nur durch Einbeziehung der ganzen Person des Sportlers möglich wurde, ist es auch im Management nötig, den Faktor Mensch sehr viel stärker in den Blick zu nehmen. Der Trainer-Coach im Sport ist heute oft auch ein ausgebildeter praktischer Pädagoge und Psychologe, weit über die schon immer nötige „Naturbegabung für Menschen" hinaus. Und Manager mußten sich ebenfalls mit der Idee vertraut machen, daß die Leistungserbringung von der Befindlichkeit der Person nicht mehr länger abzukoppeln ist. Betriebliche Gesundheitsförderung, Streß-Prophylaxe, der aus den USA in

Ansätzen importierte Ansatz der „Company Wellness" sind unternehmensbezogene Beispiele dafür. Je mehr aber die Person in den Blick genommen wird, um so anspruchsvoller wird die Tätigkeit der Beziehungsgestaltung und um so sensibler wird die Leistungserbringung des Individuums abhängig von der Frage, wie es ihm mit der Führungskraft emotional geht.

Nicht selten ist der Trainer-Coach im Sport auch Partner seines Leistungsträgers in einer persönlichen, sehr besonderen Beziehung, eine Mischung aus Vertrautem, Zuhörer, Beichtvater und Gesprächspartner für Persönliches, Pädagoge, Elternfigur und manchmal auch Vorbild. In dieser ganz besonderen Beziehungsqualität ist in der Sportwelt bereits angelegt, was uns zukünftig im Management interessieren wird: Da die Leistung von der Person weder im Sport noch im Management zu trennen ist, ist auch für Manager – wie für Sportler – die Figur des persönlichen und personenzentriert vorgehenden Beraters herauszubilden, der in eine ganz spezifische, hochkomplexe Beziehung zu seinem Klienten/Mitarbeiter tritt. Die dann entstehende Rolle ist ebenso neu wie anstrengend und notwendig. Darin lag die einzige Rechtfertigung, den Begriff „Coaching" aus dem Sport zu übernehmen für ein Beratungsgeschehen mit und zwischen Führungskräften.

Kapitel 4
Organisationsformen der Einzelberatung von Führungskräften

Seit dem Ende der 80er Jahre wurde unter dem Begriff „Coaching" die Einzelberatung von Führungskräften zu einem gängigen Werkzeug im Instrumentenkasten der managerialen Serviceleistungen. Im Laufe der Zeit haben sich auf dem Wege von Versuch und Irrtum mehrere gängige Organisationsformen herauskristallisiert, in denen diese sehr personenbezogene Dienstleistung angeboten, nachgefragt und genutzt wird. Die ersten Nutzer von „Coaching" waren Führungskräfte, die rasch erkannt hatten, daß sie in schwierigen Arbeitssituationen oder bei Vorliegen besonderer Fragestellungen davon profitieren konnten, mit einem neutralen Dritten klärende Gespräche zu führen. Die Bildungsabteilungen oder die Verantwortlichen für Personalentwicklung in den Großunternehmen griffen die Idee rasch auf und erarbeiteten sich eine funktionale Rolle als Makler- und Kontaktstelle zwischen nachfragenden Führungskräften und anbietenden Beratern.

Inzwischen gibt es nur noch wenige Beratungsfirmen oder Einzelberater, die einen solchen Service nicht in ihrem Angebotspaket haben, sei es unter dem (mißverständlich gewordenen) Begriff „Coaching" oder unter anderen Arbeitstiteln. Viele obere Führungskräfte haben längst „ihren" Coach gefunden, mit dem sie im regelmäßigen Kontakt stehen oder den sie wie einen Anwalt bei Vorliegen entsprechender Situationen konsultieren. Das noch vor wenigen Jahren gängige Tabu des persönlichen „Beratenwerdens" ist weitgehend abgeschmolzen. Die unübersichtlich gewordenen Berufsbiographien von Führungskräften haben viele Situationen entstehen lassen, in denen eine personenbezogene Beratung auf augenfällige Weise sinnvoll wurde. Nicht wenige Personalentwicklungsabteilungen haben sich ihren „Pool" von ausgewählten Einzelberatern geschaffen, die sie anlaßbezogen an Führungskräfte vermitteln. In dieser vielfältigen Praxis haben sich mehrere allgemeine Arbeitsprinzipien als nützlich herausgestellt:

- Ein Unternehmen trifft mit einem Berater häufig eine generelle Absprache, bei der festgelegt wird, in welchem vermutlichen Umfang, gegen welches Honorar und unter welchen Modalitäten der Berater ggf. mit einem noch zu benennenden Klienten tätig wird. Eine solche Absprache schafft im Vorfeld der zu erwartenden Beratungsfälle ein Stück Klärung und erlaubt dem Unternehmen, seinen Führungskräften gegenüber als sorgfältig vermittelnder Makler aufzutreten. Der Berater hingegen kann auf diesem Weg einiges über die „Bühne" erfahren, auf der seine potentiellen späteren Klienten agieren müssen.

- Die ratsuchende Führungskraft muß sich ausnahmslos und immer selbst mit dem Berater in Verbindung setzen, die firmeninternen oder sonstigen Kontakthersteller oder Vermittler geben zwar Adressen weiter, helfen auch bei der Auswahl eines geeigneten Beraters, klären zeitliche Verfügbarkeiten im Vorfeld ab, aber sie entheben den Klienten nie der Verpflichtung, sich mit seinem künftigen Berater aus eigenem Wollen in Verbindung zu setzen. Diese Organisationsform stellt sicher, daß die Initiative zur Beratung vom Ratsuchenden ausgeht und nicht von irgend jemandem sonst. Dies ist gerade für Fürungskräfte eine Vorbedingung, ohne die eine gedeihliche Beratungsbeziehung nur schwer entstehen kann.

- Das Unternehmen verzichtet völlig und eindeutig auf jedweden Einfluß hinsichtlich der Frage, was in der Beratung besprochen wird und was dabei an Ergebnissen herauskommen darf. Die Beratungsinhalte sind ausschließlich zwischen Klient und Berater abzustimmen, die Beratungssituation bleibt geschützt gegen alle Einwirkungen von außen.

- Alles, was nicht in zehn Beratungssitzungen zu klären ist, gehört in eine andere Arbeitsform, sei es Psychotherapie, sei es Teamentwicklung, sei es Konfliktmediation oder sei es auch eine umfassendere Lernaktivität des Klienten. Es ist allerdings durchaus möglich, daß der Klient in einer anderen Situation wiederum „seinen" Berater kontaktiert, um eine andere Situation durchzusprechen, zu untersuchen oder zu klären.

- Der Klient übernimmt es, sein Unternehmen über die Ergebnisse der Beratungsarbeit zu informieren, damit hinsichtlich der Schweigepflicht des Beraters keine Mißverständnisse entstehen.

- Wenn die Einzelberatung im Rahmen von gesteuerten und gestalteten Personalentwicklungsprogrammen eingesetzt wird, hat sich ein System mit „virtuellen Beratungsgutscheinen" bewährt. Die Teilnehmer des Programms, z.B. Nachwuchsführungskräfte in einem entsprechenden Bildungsprogramm oder Führungskräfte in einem Programm zur Job-Rotation, erhalten das Recht, nach Bedarf und eigenem Wollen eine Einzelberatung in Anspruch zu nehmen, sie werden dazu aber nicht verpflichtet. Mit dem Berater ist in diesem Fall eine generelle Absprache getroffen, daß er nach Bedarf für solche Anfragen im festgelegten Umfang zur Verfügung steht.

- Für die Beratungsarbeit ist es völlig egal, wer die Beratung bezahlt.

Durch diese aus der Erfahrung gewonnenen Arbeitsprinzipien wird sichergestellt, daß Beratungsarbeit im Kontext der Führungskräfterolle und unter den Gegebenheiten von Großunternehmen mit ihren vielfältigen Verwertungsinteressen überhaupt möglich wird. Wenn diese Prinzipien nicht beachtet werden, wird eine Beratungsarbeit schwierig bis unmöglich, die den Namen verdient. Wer nicht nur die Ratschläge von Experten einholt, sondern sich wirklich beraten läßt, also sich auf die Suche nach Lösungen begibt, die nicht sofort sichtbar sind, wer also zum „Klienten" wird, der gefährdet sich freiwillig in seiner gewohnten Rolle und gewachsenen Identität. Diese Selbstgefährdung ist eine notwendige Vorbedingung für den Erfolg jedweder Beratung, und sie wird erst möglich, wenn für die Beratungssituation ein deutlich geschützter Raum geschaffen wird, in dem vom Klienten konsequenzenfrei alles gedacht und gesagt werden darf. In anderen personenzentrierten beraterischen Subkulturen ist dies so selbstverständlich, daß es keiner Erwähnung bedarf, im System der verwertenden Organisationen, ganz gleich, ob profitorientiert oder nicht, müssen solche Usancen bewußt gestaltet werden.

Kapitel 5
Gängige Anlässe für die Einzelberatung von Führungskräften

5.1 Einige Problemlagen des Managerberufes

Wenn man einen Menschen richtig beurteilen will, so frage man sich immer: „Möchtest du den zum Vorgesetzten haben?"
(Tucholsky)

Wer im Bergbau viel unter Tage arbeitet, kann leicht eine Staublunge bekommen. Wer als Verkäuferin fast nur im Stehen arbeitet, zieht sich leicht venöse Durchblutungsstörungen in den Beinen zu. Wer als technischer Experte viele Jahre in Entwicklungsländern verbringt, findet es häufig schwer, in den geregelten Verhältnissen eines Industrielandes wieder Fuß zu fassen, weil er „verbuscht" ist. Jeder Beruf bringt seine speziellen Anforderungen mit sich und verändert auf Dauer die Person, die ihn ausübt. Man spricht von einer „berufsspezifischen (De-) Formierung". Wie sieht diese „déformation professionnelle" bei Führungskräften aus?

Manager haben die Aufgabe, dafür zu sorgen, daß Ziele gemeinsam mit anderen erreicht werden. Diese Tätigkeitsbeschreibung ist ebenso allgemeingültig wie nichtssagend und kennzeichnet bereits zwei wesentliche Grundeigenschaften der Managerrolle: Manager haben es sowohl mit schlecht definierten Problemen als auch mit anderen Menschen zu tun. Sie gehören zu den „Menschenarbeitern", ohne daß die Menschenarbeit den eigentlichen Inhalt und Sinn ihrer Tätigkeit ausmachen würde. Der Umgang mit anderen ist nicht das Zentrum der Managertätigkeit, sondern ein Instrument derselben. Und

„schlecht definiert" ist ein Problem, bei dem die Beziehungen zwischen Ursachen und Wirkungen nicht ganz klar und Prognosen über Wirkungen deswegen kaum möglich sind.

Manager erfüllen ihre Aufgaben häufig unter bestimmten generellen Randbedingungen. Sie sind sehr sichtbar in ihrem Handeln, werden weniger an ihren Anstrengungen als an ihren Ergebnissen gemessen, die Bewertungskriterien für Erfolg und Leistung sind oft unklar und wechseln mit den Bewertern.

In Zeiten der Turbulenz wechseln die Bewerter, deswegen sinkt die Orientierung der nachgeordneten Führungskräfte bei organisatorischen Veränderungen für einige Zeit rapide ab und verringert sowohl die Entscheidungsgüte wie die Entscheidungsfreudigkeit extrem. Die Art und Weise des Managerhandelns wird oft von vielen kritisch kommentiert, viele halten sich für Experten, ähnlich wie die Zuschauer eines Fußballspiels. Es gibt einen normativen Rahmen für das Managerhandeln, der aber manchmal – wenn es um Erfolg geht – auch überschritten werden sollte, ohne daß dies Aufsehen erregen darf. Das Normensystem ist also vieldeutig und sendet widersprüchliche Botschaften, insbesondere in Zeiten hoher Veränderungsintensität.

Die Mischung „schlecht definierte Probleme" und „Menschenarbeit als Instrument" führt unter den skizzierten Randbedingungen zu ganz spezifischen Rollenkonfigurationen und Verhaltensmustern, die ihrerseits „Symptome" bei den betroffenen Personen der Berufsgruppe Management hervorrufen können.

Wer schlecht definierte Probleme lösen will, muß einerseits suchen und lernen können, muß andererseits aber die Zwischenergebnisse seiner Erfahrungen auswerten können und wollen. Dem steht im Management der Zielerreichungsdruck entgegen: Wer Ziele erreichen will, muß handlungssicher sein. Der Manager pendelt also zwangsläufig ständig zwischen der durch die

Situation gegebenen Handlungsunsicherheit einerseits und der durch den Erfolgs- und Bewertungsdruck nötigen geforderten Handlungssicherheit andererseits. So entsteht das bekannte „So tun als ob", die Fassade vom nichtirritierbaren Alleskönner, deren Aufrechterhaltung immer mehr Energie verschluckt.

Wer bei seiner Aufgabenerfüllung andere Menschen instrumentalisiert einsetzen muß, ist einerseits auf die Beziehung zu diesen Menschen angewiesen, darf andererseits jedoch diese Beziehung nicht zum Selbstzweck werden lassen, ihr keinen wirklichen Eigenwert beimessen. Manager müssen einerseits „authentisch" mit ihren Mitarbeitern umgehen, andererseits dürfen sie nicht zu authentisch mit ihnen umgehen, damit keine Nähe entsteht, die den Instrumentalcharakter des Mitarbeiters etwa überlagern könnte. Der Erfolg und was ihm dienlich ist, müssen im Vordergrund bleiben. So entsteht das Verhalten der doppelbödigen Beziehungsgestaltung mit „Wir-Gefühl" und „Anerkennung" einerseits, mit taktischer Kommunikation und mikropolitischer Manipulation andererseits.

Um diese und andere Widersprüche zu bewältigen, muß eine Führungskraft über irgendeine persönliche Energiequelle verfügen. Das kann die Lust an Macht und Einfluß sein, ein Gestaltungswille, eine inhaltlich bestimmte Identifikation mit einer Thematik, es kann Loyalität sein oder ein Begriff von Pflicht. Aggressivität im Sinne von Durchsetzungsvermögen, Lust an der Selbstdarstellung, Machthunger und Spaß an Status sind in vielen Organisationen der Wirtschaft gern gesehene Energiequellen. Inhaltliche Identifikation mit der Sache und akzentuierte Begriffe von Pflicht und Loyalität sind häufig in Institutionen anzutreffen, die sich einer gesellschaftlich nützlichen Aufgabe verschrieben haben. Oft allerdings kollidieren diese persönlichen Orientierungen auch mit gesellschaftlichen Wertvorstellungen. „Durchsetzungsvermögen" ist z.B. immer noch die in Stellenanzeigen für Führungskräfte mit Abstand am häufigsten geforderte Manager-

Eigenschaft, in der gesellschaftlichen Wertskala positiver Haltungen rangiert sie hingegen viel weiter unten. Führungskräfte befinden sich also in einem permanenten Wertedilemma.

Für ihre Managertätigkeit werden Führungskräfte bekanntlich nicht ausgebildet. Es wird immer noch unterstellt, daß man diese Anforderungen durch eine abgeschlossene technische oder wirtschaftliche Berufsausbildung plus einiger Drei-Tages-Seminare bewältigen könne. Diese Einschätzung ist durch die Realität weniger und weniger gedeckt, sie war nur solange zutreffend, wie die skizzierten Widersprüche und Dilemmata noch nicht sehr scharf ausgeprägt waren, also in einer mechanistisch orientierten und überschaubaren Welt des klassischen Industriezeitalters. Mit steigender Veränderungsintensität in Technologie, Politik, Gesellschaft und Weltwirtschaft werden die Managementprobleme immer schlechter definiert, wird die manageriale Leistung immer schwieriger zu erbringen sein. Mit steigenden personalen Ansprüchen von Mitarbeitern an die Arbeitswelt wird auch das Beziehungsdilemma der Führungskraft immer schwieriger. Die Welle der Kommunikationstrainings und der Ruf nach „sozialer Kompetenz" von Führungskräften zeigen das sehr deutlich.

Es ist leicht zu erraten und in der Realität zu beobachten, was aus dieser Konstellation von Anforderungen, Umwelt, Dilemmata und mangelhafter Ausbildung im Manageralltag dann entsteht. Das gesamte Spektrum möglicher menschlicher Narretei findet sich natürlich auch bei Führungskräften, doch einige Symptomlagen sind dort besonders gehäuft anzutreffen.

Die sprichwörtliche „Einsamkeit an der Spitze" kennen wir auf der informatorischen Ebene als den Teufelskreis der abnehmenden Entscheidungsgüte. Wer taktisch kommuniziert, weil er den Menschen wegen seiner Funktion instrumentalisiert, mit dem wird auch taktisch kommuniziert. Von der Güte der authentischen und rechtzeitigen Informationen hängt jedoch wesentlich auch die Güte der Entscheidungen ab. Wenn die Qualität der Entscheidungen eines Managers in schlecht definierten Problemlagen zurückgeht, verträgt sich dieses „Fehler machen" nicht gut mit der Positionshöhe. Der Ausweg liegt in gesteigertem Absicherungsverhalten seitens der Führungskraft: Der „Chancenblick" macht einem „Gefährdungsblick" Platz. Nicht mehr nach Möglichkeiten des Erfolges wird gesucht, sondern nach Risiken, die das bisher Erreichte gefährden. Die Entscheidungsgüte nimmt weiter ab, das Absicherungsverhalten nimmt zu. Die persönliche Glaubwürdigkeit nimmt ebenfalls ab, Beziehungen leiden, weil Mitarbeiter den Widerspruch zwischen Schlechtleistung und Positionshöhe sehen, aber wegen der Machtverhältnisse nicht ändern können. Die informationelle Vereinsamung an der Spitze nährt sich selbst, es fehlt – systemtechnisch gesehen – an negativen Rückkopplungsschleifen. Dieser Zusammenhang bildet ein klassisches Syndrom, das sich in Zeiten der Turbulenz extrem verschärft und zu kaum nachvollziehbaren managerialen Schlechtleistungen führt.

Oder: Unklare Bewertungskriterien der Umwelt führen zu Frustrationserlebnissen, was die Wirksamkeit des eigenen Einsatzes betrifft. Wer sich nicht mehr ausreichend belohnt sieht, strengt sich entweder nicht mehr an oder sorgt nur noch dafür, daß er als Urheber eines Erfolges dasteht. Die Frustration breitet sich in Hierarchien nach unten aus, weil damit auch Mitarbeiter die Früchte ihrer Leistung als „von oben her einkassiert" erleben. Arbeitsbeziehung und informationeller oder emotionaler Kontakt werden belastet und „tragen" nicht mehr, um Belastungen durchzustehen. Wenig tragfähige Beziehungen führen zur Konfliktarmut, weil Unterschiede nicht mehr benannt werden. Schließlich entstehen Verbitterung und Zynismus.

Oder: Die Widersprüchlichkeit der Managerrolle zwischen „Alleskönner" einerseits und notwendigem „Unsicher-Sein" andererseits führt nicht selten zu maskenhaftem Verhalten. Emotionalität, Gefühle von Schwäche und Überforderung können nicht mehr in entlastenden Kontaktsituationen mit anderen gelebt werden, sie sind durch die Rolle verboten. Gleichzeitig darf ja auch beim instrumentalisierten Kontakt zu Mitarbeitern keine wirkliche Nähe oder gar Intimität entstehen. Wenn mithin im privaten Umfeld keine Ausgleichssituationen verbleiben, kommt es zur bekannten emotionalen Armut von Führungskräften, sie werden zu „Sachfragenfressern", denen man gehorcht, mit denen man aber sonst nichts zu tun hat. Die Kommunikation wird formelhaft und leblos. Im weiteren Verlauf kann es zur „Sinnlücke" kommen, zum Verlust an Grundorientierung über den Sinn des eigenen Seins und Tuns. Im Manageralltag ist diese Form der „Anomie" unter dem Schlagwort von der „midlife crisis" bekannt geworden.

Und schließlich: Die extremen Turbulenzen, unter denen Organisationen seit einigen Jahren funktionieren müssen, rufen vielfältige Reaktionen auf der Ebene der Strukturen und der Abläufe hervor: Reengineering, Profit-Center-Bildung, Firmenverkäufe, Privatisierung staatlicher Monopolunternehmen, extremer Personalabbau, Zusammenbruch von Märkten, häufige Wechsel an der Führungsspitze sind geläufige Muster, mit denen versucht wird, der Organisation das Überleben zu sichern. Auf der Personenebene allerdings haben solche adaptiven Bewältigungsantworten ihre eigenen Sekundärwirkungen: Sie erzeugen bei Führungskräften und Mitarbeitern das diesen völlig unbekannte und ungewohnte Gefühl von Angst. Führungskräfte sind weder darauf vorbereitet, bei sich selbst im Rahmen ihrer Rolle Angst zu spüren, noch haben sie irgendeine eingeübte Möglichkeit im Kontext der Organisation, dieses Angstgefühl zu besprechen, noch stehen ihnen Führungswerkzeuge zur Verfügung, um mit der Angst von Mitarbeitern bzw. deren Auswirkungen umgehen zu können. Das einzige, worauf sie zurückgreifen können, ist die mehr oder minder offene, individuelle oder kollektive Abwehr von Angst unter Rückgriff auf alte Rollenklischees: Man versucht, sich wechselseitig das Gefühl auszureden („Da brauchen Sie doch keine Angst zu haben ...", „da müssen wir jetzt durch ...", „Angst ist ein schlechter Ratgeber ..." etc.). Ansonsten bleibt nur geheimes, individualisiertes Absicherungsverhalten, dessen Konsequenzen dann im Change-Management unter dem häßlichen Begriff der „Lähm-/Lehmschicht" auftauchen.

Erschwerend kommt zu diesen beispielhaft skizzierten Störungsprozessen hinzu, daß Prävention, Früherkennung und rechtzeitige Abhilfe im Handlungsmodell „Management" nicht enthalten sind. Das Modell ist als Rollenideal so beschaffen, daß Störungen nicht vorkommen (dürfen). Lediglich organisch manifeste Krankheiten (Kreislaufstörungen, Herzinfarkt, Magengeschwür etc.) sind quasi „erlaubt". Auch solche Erkrankungen werden jedoch über die vor Jahren ausgebrochene Idee von „Fitness" noch verboten. „Fitsein" als blanke Norm im ansonsten unhinterfragten Managementkontext von Alleskönnern verschärft dann den Widerspruch anstatt ihn präventiv zu mildern. Im klinischen Kontext entstehen im Extrem dann die neurotischen, psychosomatischen oder gar psychotischen Verläufe.

5.2 Wenn individuelle Lösungsversuche zum Teil des Problems werden

Manager versuchen – insbesondere, wenn sie das berufliche Rollenideal gut verinnerlicht haben – mit den Widersprüchen und Problemlagen ihres Berufes allein zurechtzukommen, so gut und so lange es eben geht. Sie lernen Verhaltensweisen, die man benötigt, um eine Beziehung zu Mitarbeitern und Kollegen sowohl aufrechtzuerhalten als auch in den Dienst der Ziele zu stellen. Sie lernen, die „Faust in der Tasche zu halten" und Konflikte nach innen zu verlagern. Sie lernen, Bewertungskriterien ihrer Organisation oder der Vorgesetzten zu erahnen, indem sie sich mit dem „heimlichen Lehrplan" des Hauses vertraut machen. Sie lernen, alle verkündeten Leitbilder und Führungsgrundsätze als Ideologie und Zweckkommunikation zu denunzieren. Sie lernen, sich selber weniger zu spüren, um die widersprüchliche Berufsrolle weiterhin durchzuhalten. Sie ziehen ihre privaten Schlüsse aus den täglichen Erfahrungen und entwickeln ganze Ideengebäude darüber, wie man als „ideale" Führungskraft in ihrem Unternehmen zu sein habe. Sie hören den Beratern und Trainern zu, lesen Selbsthilfebücher und Erfolgsratgeber, probieren in Verhaltenstrainings andere Wege des Umgangs mit Mitarbeitern aus, ohne sie wirklich anwenden zu können. Und bei all diesen vielfältigen Anstrengungen verwenden sie ihr Vorwissen, ihre Erfahrungen, ihre Vorurteile und Annahmen über das Leben, über Leistung, über Gut und Böse, über Sinn und Unsinn von dieser und jener Vorgehensweise. Manager tun also das, was wir alle tun, wenn wir in unübersichtlichen Situationen handeln müssen. Erstaunlicherweise kommt es bei diesen Bewältigungsversuchen zu immer wieder ähnlichen Resultaten. Nicht überall und nicht immer in gleicher Form und Ausprägung, aber doch in hinreichender Wiedererkennbarkeit entstehen im Managerhandeln bestimmte musterhafte Verdichtungen, die häufig den Anlaß für Beratungsprozesse schaffen.

5.3 Der erschwerte Umgang mit anderen

Wir sollten unsere Beziehung nicht durch weitere
Kommunikationsversuche komplizieren!
(Teilnehmeraussage in einem Workshop zur Teamentwicklung)

Manager müssen mit Mitarbeitern und Kollegen in Kontakt treten, wenn sie ihre Aufgabe erfüllen wollen. Gleichzeitig müssen sie diesen Kontakt auch immer wieder „verraten", wenn die Notwendigkeiten der Zielerreichung dies erfordern. Der Wertkonflikt zwischen solidarischer Nähe einerseits und nötiger rollenhafter Distanz andererseits wird auf allen Feldern des täglichen Umgangs ausgetragen und betrifft die Weitergabe von Informationen ebenso wie das Treffen unpopulärer Entscheidungen. Im Wechselspiel zwischen authentischem „offenem" Verhalten und strategischem Konkurrenzgebaren belastet eine Führungskraft zwangsläufig ihre soziale Umwelt und verdirbt sich immer wieder die Beziehungen zu anderen. Nur in dem Maße, wie auch die jeweils anderen dieses Dilemma als Teil des erzwungenen Rollenhandelns kennen, erkennen und billigend hinnehmen – weil sie selbst ebenfalls so vorgehen müssen –, bleiben Arbeitsbeziehungen in der Organisation überhaupt tragfähig. Oft aber kommt es vor, daß durch einen Beziehungsverrat bereits zuviel an (Rest-)Vertrauen zerstört ist, es haben sich im Kontakt wechselseitige Basisannahmen über den anderen entwickelt, die eben diesen Kontakt erschweren. Mit steigender hierarchischer Positionierung nehmen dabei die Ansprüche an Authentizität im Umgang ab, und die Hinnahme von entfremdetem rollenhaftem Umgang nimmt zu. Alle Beteiligten haben auf ihrem bisherigen Karriereweg gelernt und erfahren, daß jeder persönliche Kontakt nur solange halten kann, wie die jeweilige Zielerreichung dies gestattet.

Die symptomatische Meldung zu Beginn eines Beratungsprozesses lautet dann oft: „Ich komme mit den Leuten nicht mehr zurecht." Nicht immer ist dann eine Einzelberatung nötig oder ausreichend, oft dient sie vorwiegend dazu, die Problemlage „auszuwickeln" und zu ermitteln, über welchen Weg später die Beziehungsstörungen unter Einbeziehung der Mitarbeiter zu erarbeiten sind (Teamentwicklungsmaßnahme). In der Einzelberatung geht es zunächst und vorwiegend darum, die individuell bedingten Störungsursachen (Schuldzuschreibungen, Vorannahmen, Fremdbilder) von den faktisch vorgefallenen und strukturell bedingten Beziehungsbelastungen der Vergangenheit zu trennen. Erst im zweiten Schritt kann geprüft werden, ob auch Verhaltenslernen sinnvoll ist, etwa weil die betroffene Führungskraft sich zwar in ihrem Rollengefüge authentischer verhalten könnte, dieses Verhalten jedoch noch nicht oder bereits nicht mehr beherrscht.

5.4 Streß und Burnout

Reden Sie mir nicht von Entspannung, nur meine Spannung hält mich schließlich noch zusammen!
(Klientenaussage während eines Coachings)

Der Managerberuf ist anstrengend und wird immer noch in einem Umfeld ausgeübt, in dem „voller Einsatz" als Tugend gilt. Dahinter steht gemäß gängigen Deutungsmustern der Arbeitssoziologie die Wertvorstellung vom Primat der Arbeitswelt über andere Lebensbereiche im Sinne der wertkonservativen protestantischen Arbeitsethik. Der Vollzug der Managertätigkeit enthält viele Anreize, andere Lebensbereiche des individuellen Erfahrungsraumes hintanzustellen und „Karriere" wichtiger zu nehmen als etwa Muße, Genuß, Spiel, Freundschaft, Lernen, Geselligkeit oder Familienleben. Von vielen – auch angehenden – Führungskräften wird diese Wertorientierung auch weiterhin vertreten, wenn auch der Wertewandel hier einige Verschiebungen andeutet. Streß, Hektik, viel Arbeit und keine Zeit zu haben gelten im Sinne der Erfolgsorientierung häufig noch als positives Signal an die Umwelt. Unabhängig davon, ob man dies nun im jeweiligen Werteverständnis richtig, wünschenswert, notwendig oder bedauerlich finden mag, bleibt die Tatsache, daß dieses Segment der Berufsrolle zum Nichtbeachten von Frühwarnsignalen – etwa des eigenen Körpers – einlädt. In der Konsequenz schreitet die individuelle Symptomverdichtung weit fort, und es bedarf häufig der intensiveren körperlichen Störungen (Zusammenbrüche, Herzinfarkt, schwere Fehlleistungen), bevor das destruktive Verhaltensmuster unterbrochen wird. Im Endeffekt kommt es dann zu den schwierigen Situationen, in denen wegen der Fülle der Aufgaben und wegen des Stresses keine Zeit und keine Energie mehr verfügbar ist, etwa einen Beratungsprozeß überhaupt einzuleiten, obwohl der Bedarf formuliert wird. Zudem ist die Arbeitsform der Einzelberatung mit ihrem verzögerten Tempo, der intensivierten Reflexion und dem Ausbleiben beobachtbarer schneller „Effekte" häufig konträr zur gewohnten Arbeitssituation des Betroffenen. Dann bleibt hier in der Tat nur, auf ein solches Ausmaß an Zusammenbruch zu warten, das mit erzwungenen Unterbrechungen (Klinikaufenthalt) eine Beratungsarbeit überhaupt erst ermöglicht. Fatal wäre es, die Einzelberatung der Führungskraft als zusätzlichen Termin in das bereits überfordernde Bewältigungsmuster zeitlich irgendwie noch einzubauen. Die Illusion, man könne den „fahrenden Zug reparieren", ist allerdings weit verbreitet.

5.5 Persönliche Krisen klinischer Qualität

Wenn über lange Zeit die korrigierenden Signale aus der Umwelt ausbleiben, weil z.B. die vorliegende Machtverteilung verhindert, daß die betroffene Führungskraft von anderen wirksam und verhaltenssteuernd konfrontiert wird, können sich die Formen der Rollenbewältigung im Extrem auch zu schweren Befindlichkeitsstörungen hin entwickeln. Die gesamte Bandbreite neurotischer, psychosomatischer und psychotischer Störungen kommt im Management ebenso vor wie die Palette der Abhängigkeitserkrankungen. Im Unterschied zu anderen Berufsgruppen in der Bevölkerung ist die Berufsrolle des Managers allerdings eher dazu angetan, solche Symptomverdichtungen lange verdeckt zu halten und damit im Verborgenen weiter schwelen zu lassen. Neurotisches Verhalten kann wegen der Machtfülle der Rolle lange Zeit unkonfrontiert ausagiert werden. Fixe Ideen und Wahnsysteme behalten lange Zeit den Charakter persönlicher Eigenarten oder „Macken des Mächtigen" und werden von der Arbeitsumgebung als bloß „seltsam" hingenommen. Abhängigkeitserkrankungen werden durch ermöglichendes Co-Verhalten der Umgebung lange gestützt. Die Managerrolle verhindert auch hier Früherkennung, stellt eine Fülle von scheinbaren Abhilfen bereit und legt Verschiebungen auf kulturverträgliche Behandlungsformen (Kur, Urlaub, Abwechslung, Fernreisen, Medikamente) nahe.

Wenn solche weitgediehenen Entwicklungen zum Anlaß für einen individuellen Beratungsprozeß werden, besteht die Gefahr, der Illusion der Behandelbarkeit zu erliegen. Krisen haben die weitverbreitete Eigenschaft, von den Betroffenen und Beteiligten unterschätzt zu werden, weil sich ihr Bewertungsmaßstab für das Aushaltbare im Vorfeld der Krisenentwicklung bereits mit verschoben hat. Der Versuch, eine vorliegende Depression oder Suchterkrankung mit Beratungsarbeit anzugehen oder gar „in den Griff zu bekommen", ist nicht nur sinnlos, sondern schädlich für die notwendige Problemeinsicht, die der Betroffene ja weiterhin zu vermeiden trachtet. Beratung kann hier nur dazu dienen, das volle Ausmaß der Krise langsam, aber sicher überhaupt erst sichtbar zu machen, Einsicht entstehen zu lassen und den Betroffenen vertraut zu machen mit den ihm ungeläufigen, nun aber nötigen Formen der Bearbeitung: Klinikaufenthalt, Psychotherapie, Selbsthilfegruppe. Schon diese Arbeit ist oft langwierig und schwierig und in extremen Fällen nur mit Unterstützung der engeren Umwelt des Betroffenen zu bewältigen.

5.6 Organisationsbezogene Auslöser für Einzelberatung

5.6.1 Veränderungen der Berufsrolle

Auch die Führungskraft selbst steht im Dienste der Organisationsziele und muß es hinnehmen, daß sich die von ihr bekleidete Berufsrolle im Laufe der Zeit verändert, sie also zu Anpassungsleistungen herausgefordert wird. Die ursächlichen Veränderungen können dabei das für die Rolle notwendige Wissen, die Fertigkeiten, die Meinungen und Überzeugungen, die Arbeitspartner, den Arbeitsgegenstand, den Arbeitsort, die Arbeitsziele und viele weitere Dimensionen betreffen. Häufig können solche Anpassungsleistungen aus eigener Kraft, mit Hilfe von Lernanstrengungen und unter Anwendung des bis dahin schon erworbenen persönlichen Potentials bewältigt werden. Immer dann jedoch, wenn die Veränderung der Berufsrolle den Betroffenen in wesentlichen Teilen seiner Identität berührt, besteht zumindest die Möglichkeit, daß seine vorhandenen Kenntnisse, Fähigkeiten und Einstellungen nicht hinreichen, um die notwendige Veränderung zu bewerkstelligen. Dann muß und wird sich die Führungskraft nach zusätzlichen Ressourcen umsehen, um sich Unterstützung zu besorgen. Beförderung, Versetzung, Kündigung, Stellenwechsel, Übernahme weiterer Aufgaben sind die intensivsten Formen solcher identitätsbetreffenden beruflichen Veränderungen der Rolle „Führungskraft". Aber auch neue Produkte oder Produktionsverfahren, Einführung anderer technischer Hilfsmittel oder betrieblicher Abläufe oder die Änderung der Rechtsform des Unternehmens sind schon Anlaß für Beratungsprozesse gewesen.

5.6.2 Veränderungen der Grunddimensionen beruflicher Identität durch betriebliche Ereignisse

Identität beschreibt eine Vorstellung von Unveränderbarkeit und Stabilität wesentlicher Eigenschaften einer Person im Zeitablauf. Die Gewißheit, auch morgen noch als Person mit den im wesentlichen gleichen Kenntnissen, Meinungen, Kontakten und Eigenschaften in der Welt zu sein, gehört zu den Überlebensnotwendigkeiten von Menschen. Das Konstrukt der „beruflichen Identität" beschreibt also das unverwechselbare „So-Sein" eines Angehörigen einer Berufsgruppe oder dieser Gruppe selbst. Identität ist, weil bezogen auf Menschen, nicht starr, sie verändert sich durch Lernen und Erfahrung sowie durch Lebensereignisse und Entscheidungen. Plötzliche Verletzungen der Identität sind jedoch – je nach Umfang und Schwere – schockauslösend oder traumatisierend und bedürfen intensiver, längerer Verarbeitung und Anstrengungen zur Neubildung eines solchen Selbstkonzepts.

Die oben erwähnten organisatorischen Veränderungen bewirken immer auch einen mehr oder minder umfassenden und tiefgreifenden Veränderungsprozeß in abgrenzbaren Dimensionen beruflicher Identität:

Wissen, Werte und Normen
Die Ideenwelt des Betroffenen, seine Werte, seine Moral, seine Fachkenntnisse auf einem bestimmten Gebiet und die Fülle seiner berufsspezifischen Informationen werden bei Beförderungen, Versetzungen oder Kündigungen oft sehr plötzlich entwertet oder verletzt. Die klassischen Themen, die unter diese Rubrik gehören, sind die bekannte nachlassende Wertigkeit der fachlichen Ausbildung beim hierarchischen Aufstieg, der Verfall handwerklicher Fertigkeiten bei neuen Technologien, die drastische Veränderung von Wertorientierungen bei der Kooperation mit einem neuen Vorgesetzten oder bei Firmenzusam-

menschlüssen und dergleichen. Wenn die Anpassung nicht gelingt, kommt es z.B. zu den bekannten Effekten des „Peter-Prinzips"[2] oder dem beharrlichen Festhalten an herkömmlichen Verfahrensweisen.

Möglichkeiten zu Macht und Einflußnahme
Die Möglichkeiten, auf die Welt Einfluß zu nehmen, Macht auszuüben, Prozesse in Bewegung zu setzen, Situationen nach seinem Willen zu gestalten, werden für einen Betroffenen durch die Übernahme oder den Verlust einer Führungstätigkeit drastisch verändert. Gekündigte Führungskräfte erleben sich plötzlich als machtlos, beförderte Gruppenleiter können die Macht der Rolle (noch) nicht gebrauchen, neue Mitarbeiter stellen die Macht in Frage, zusätzliche Verantwortungsbereiche erfordern einen distanzierteren Umgang mit den Details oder andere Formen der Kontrolle.

Kontakte und Beziehungen zu anderen
Durch Veränderungen in der Organisation werden eine Reihe von wesentlichen Beziehungen zu „signifikanten anderen" oft plötzlich und heftig verändert, zerstört oder ihr Neuaufbau wird verlangt. Dazu gehören nicht nur die direkten Beziehungen zu Vorgesetzten, Mitarbeitern und Kollegen, dazu gehören auch die Beziehungen zu Kunden und Lieferanten, Wettbewerbern, Freunden, Bekannten oder auch Familienmitgliedern. Wirksame Abschiede zu gestalten, die frei machen für neue Erfahrungen, kann dann ebenso ein Thema der Einzelberatung sein wie die – oft angstbesetzte – Kontaktaufnahme zu neuen Menschen.

Geographischer Ort
Das Firmengelände, das Büro, der physische Arbeitsbereich, der tägliche Arbeitsweg und die private Lebensumgebung bil-

---

[2] Nach diesem Prinzip wird jemand so lange befördert, bis er die Stufe seiner Inkompetenz erreicht hat.

den den wahrnehmbaren, erlebbaren und symbolischen Ausdruck einer beruflichen Heimat und gehen bei Organisationsveränderungen verloren bzw. müssen neu „erobert" werden. Hierhin gehört die Diskussion um die (nachlassende) berufliche Mobilität von Führungskräften und die gesamte Problematik der Auslandsentsendungen. Ein erheblicher Teil von Einzelberatungen bezieht sich auf solche drastischen Ortswechsel, insbesondere im international ausgerichteten Management. Das Kennenlernen einer fremden Kultur mit ihren anderen Normen, Werten und Verhaltensweisen erfordert intensive Lernprozesse, die oft ohne zusätzliche Unterstützung nicht bewältigt werden.

Gegenstände
Hierzu gehören Fahrzeuge, Anlagen, Großgeräte, Apparate, mit denen jemand arbeitet und mit denen man sich im Laufe der Zeit „identifiziert". Einzelberatung hat schon stattgefunden, um einen Kapitän beim Abschied von „seinem" Schiff zu begleiten. Zu den einfacheren „Coachings" zählen in diesem Zusammenhang alle fachlichen Einweisungen und Instruktionen.

Institutionelle Zugehörigkeit
Zugehörigkeit ist eine der wesentlichen identitätsbildenden Qualitäten von Menschen als soziale Wesen. Teil eines übergeordneten Ganzen zu sein, Gemeinsamkeit zu haben mit anderen ist lebensnotwendig für uns alle. Bei organisatorisch induzierten Veränderungen der Berufsrolle muß oft auch diese Zugehörigkeit aufgegeben werden, und es bleibt zunächst ein erhebliches „Identitätsloch" beim Betroffenen zurück. Dies gilt z.B. bei Fusionen und Konzernbildungen, beim Verkauf des Unternehmens, bei Änderung der Rechtsform, bei Ausgliederungen von Unternehmensteilen in selbständige Firmen und dergleichen.

Jeder Mensch reagiert anders auf solche massiven Veränderungen seiner Identität. Allgemein lassen sich jedoch Teilreaktionen generalisieren, die in unterschiedlichem Maße und in unterschiedlicher Form häufig auftreten. Im Extremfall sind Schockreaktion (auch im körperlichen Sinne) und Streßerhöhung die notwendigen Phänomene beim ersten Entgegennehmen einer identitätsverändernden Information. Die schlagartige Veränderung des Selbstbildes (gleichgültig, ob „positiv" oder „negativ") wird von massiver Veränderung der Gefühlslage begleitet. Damit gehen wiederum körperliche Veränderungen einher (Eßverhalten, Schlafverhalten, Aktivitätsniveau, Kreislaufveränderungen, Veränderungen des Immunsystems). Alte Verhaltensweisen werden beibehalten und passen nicht mehr. Das „Nicht-Passen" wird über Trotz, Rigidität, Kränkung verarbeitet. Bevor Lernanstrengungen unternommen werden, mobilisiert der Betroffene zunächst oft die ihm zur Verfügung stehenden Reaktionsmuster gegen die massive Identitätsveränderung: Rückzug, Regression, Verdrängung, Rationalisierung, Umdeutungen und Somatisierung. Die Einzelberatung kann hier nützlich sein, wenn es darum geht, durch das Gewitter dieser Verarbeitungsstufen nicht allein hindurch zu müssen und die dann folgenden Lernphasen einzuleiten, die den Neuaufbau der beruflichen Identität kennzeichnen.

5.7 Persönliche Lebensentscheidungen und Lernbedürfnisse

Nicht immer entsteht ein Beratungsanlaß aus dem antinegativen Bestreben, mit einer problematischen und als schwierig erlebten Situation fertig zu werden. In zunehmendem Maße kommt es vor, daß Führungskräfte oder Mitarbeiter, die ja eigene Absichten in bezug auf ihre persönliche und/oder berufliche Weiterentwicklung verfolgen, dabei eine Phase der dialogischen Klärung ihrer Wünsche, Möglichkeiten und Potentiale in

Betracht ziehen. Dabei kann es sich um tiefgreifende Lebensentscheidungen handeln, wie z.B. einen Berufswechsel oder einen Wechsel des Tätigkeitsfeldes, einen Ausstieg, den Aufbau einer Selbständigkeit. Es kann um eine Standortbestimmung gehen und die Neudefinition von Lebenszielen, es kann um die Frage gehen: „Was ist noch drin für mich?" oder um die Suche nach weiteren Alternativen bei der Karriereplanung. Nicht selten werden solche Impulse auch aus privaten Bezügen entstehen, weil neue Partnerschaften möglich wurden oder alte Partnerschaften auseinandergingen. Entscheidender Unterschied zu den im letzten Abschnitt skizzierten Anlässen bleibt in jedem Fall, daß die Person kein aktuelles, in Symptomen beschreibbares „Problem" hat, sondern aus einer Phase der relativen Zufriedenheit und Sättigung heraus spürt, daß noch Energien frei sind, über deren befriedigende Verwendung sie gemeinsam mit einem anderen nachdenken will. Als „Symptom" ließe sich bestenfalls eine gewisse Reizarmut oder auch Langeweile benennen, die zu weiterer Neugier führt. Die Beratung nimmt in solchen Fällen dann einen sehr viel entspannteren Verlauf, ist sozusagen präventiv ausgerichtet und als Erfahrungsprozeß oft lustvoll besetzt.

Oft werden solche Beratungswünsche naturgemäß bei noch jungen Leuten wach, die, mit einer Ausbildung versehen, nun daran gehen, eine Berufsidentität aufzubauen und das zu ihren Neigungen und Fähigkeiten passende Arbeitsfeld suchen. Häufig wird im Verlauf der gemeinsamen Arbeit dabei sichtbar, wie sehr das Wahrnehmungsfeld durch den bisherigen Lebensweg, durch Vorbilder und Annahmen bereits eingeengt war. Beratungsprozesse, die im Rahmen von Personalentwicklungskonzepten „eingebaut" sind, haben oft einen solchen Verlauf. Ein Entwicklungsprogramm für Nachwuchsführungskräfte, eine Maßnahme zur Job-Rotation werden damit zum Auslöser für sehr persönliche Fragestellungen nach den eigenen Absichten und Lebensperspektiven.

Aber auch die Menschen, die in vorgerücktem Lebensalter Kurs- und Zielkorrekturen vornehmen wollen und dies nicht einfach ins Blaue hinein angehen, machen überraschende Entdeckungen: Wieviel sie noch nachholen können an Möglichkeiten, an liegengelassenen Handlungsideen und Themen, denen sie sich immer schon gerne einmal widmen wollten. Die Kandidaten für Sabbat-Perioden mitten im Arbeitsleben – sofern dies bereits in den Personalentwicklungs-Instrumenten vorgesehen ist – bilden z.B. eine solche wachstumsorientierte Klientel für Einzelberatungen. Für sechs Monate oder ein ganzes Jahr aus dem Arbeitszusammenhang auszusteigen und sich nährenden, reaktivierenden Tätigkeiten und Erfahrungen zuzuwenden oder sich kontrastreichen Erlebnissen auszusetzen, ein solcher Schritt will gut vorbereitet sein und beginnt oft mit einer Bestandsaufnahme der bisherigen Entwicklung, der Wünsche, Träume und Ideen. Diese werden im dialogischen Prozeß zu den Möglichkeiten und Sinnfälligkeiten, auch zu den Erwartungen des Unternehmens in Beziehung gesetzt, so daß daraus die Pläne für eine fruchtbringende Auszeit entstehen. In manchen Unternehmen gibt es ein Konzept, die bei Erreichen der Altersgrenze ausscheidenden Mitarbeiter auf den Ruhestand vorzubereiten. Im Rahmen dieser „letzten Station der Personalentwicklung" taucht fast ausnahmslos der Wunsch nach Einzelberatung auf.

Auch Outplacement-Verfahren beginnen sehr häufig mit einer Einzelberatung, um den Betroffenen die Verarbeitung des ersten Schocks zu erleichtern und die für ihn entstehende neue Situation überhaupt wahrzunehmen, anzunehmen und als geltende Realität in seinen weiteren Entscheidungen zu berücksichtigen. Aber auch Versetzungen und Beförderungen werden häufig als beruflich schwierige Übergangssituationen beraterisch begleitet, um die Lösung aus den alten sachlichen und personellen Bezügen zu erleichtern und die Einzelschritte der Kontaktaufnahme mit dem neuen Arbeitsfeld zu unterstützen. Bei Stellenbesetzungen von außen hilft die Beratung dabei, sich durch geeignete Arbeitsschritte in die Organisationswirklichkeit des neuen Unternehmens hineinzuarbeiten und die eigenen Potentiale möglichst reibungsfrei an die Erfordernisse der neuen Arbeitssituation anzukoppeln. Dieses Herstellen von Anschlußfähigkeit wird in Zeiten scharf definierter und sehr unterschiedlicher Unternehmenskulturen von den neuen Stelleninhabern nicht immer aus eigener Kraft bewältigt.

Auch bei Nachfolgevorgängen in Familienunternehmen tauchen solche Problemlagen auf. Der übergebende Unternehmer muß sich mit dem „Loslassen" auseinandersetzen, mit der Begrenztheit seines eigenen Einflusses und mit den Befürchtungen, was der Nachfolger mit seinem Lebenswerk alles anstellen könnte. Der Übernehmende muß seine eigene Position finden zwischen Anpassung an das Vorgefundene einerseits und dem Bestreben, eigenen Ideen zu verwirklichen, andererseits. Er muß sich vorbereiten auf das Austragen der nötigen Konflikte, das möglichst ohne Zerstörung der familiären Beziehungen vor sich gehen soll. Anders als bei Übernahmen von Führungspositionen durch angestellte Manager bleibt bei der Übernahme in Familienunternehmen die familiäre Beziehung ja bestehen, der Vorgänger ist nicht aus dem Blickfeld. Die Beratung dient hier dazu, die oft vorzufindende Beziehungsvermischung zwischen der familiären und der betrieblichen Ebene immer wieder aufzulösen und die für jede Beziehungsebene angemessene Form der Konfliktaustragung zu finden.

Um in all solchen Fällen nun entscheiden zu können, ob ein organisatorisch verursachtes berufliches Ereignis eine Einzelberatung der Führungskraft wirklich nötig macht, sollten folgende Fragen geprüft werden:

- Ausmaß der Veränderung für den Betroffenen
  – Wie viele Beziehungen zu anderen Personen muß der Betroffene aufgeben und neu anknüpfen?

- Wieviel von seinen bisherigen Kenntnissen kann der Betroffene in der neuen Situation wirksam verwenden?
- Ist eine räumliche Veränderung nötig?
- Gelten in der neuen Umgebung andere Normen und Werte als bisher?
- Welche mittelbaren Veränderungen in der privaten Umgebung des Betroffenen werden durch diese personelle Maßnahme noch ausgelöst?
- Welche Emotionen werden beim Betroffenen durch diese Veränderung ausgelöst?

● Vorhandenes Bewältigungspotential

- Hat der Betroffene solche Veränderungen schon öfter ohne weitere Unterstützung bewerkstelligt?
- Steht dem Betroffenen Unterstützung aus seiner privaten Umgebung (Familie, Freunde) zur Verfügung?
- Ist der Betroffene mit wesentlichen Lerntechniken zur Bewältigung neuer Situationen vertraut?
- Hat der Betroffene ein Verhaltensmodell für die Bewältigungsstrategie zur Verfügung?
- Wieviel Zeit steht für die Bewältigung der Veränderung zur Verfügung?

Ähnliche Fragestellungen gelten auch, wenn das zu bewältigende Ereignis im privaten Umfeld auftaucht (Todesfälle, Unfälle, Krankheit, Scheidung, Familienprobleme). Es ist jedoch eine andere Frage, ob ein Unternehmen in solchen Fällen überhaupt unterstützende Angebote macht – das hängt von der Grundorientierung hinsichtlich der Personalpflege ab. Kriterium ist, inwieweit sich die Störung auf den Arbeitsvollzug des Betroffenen auswirkt.

Nur wenn sich aus dem Vergleich zwischen dem Ausmaß der anstehenden Veränderung und dem vorhandenen individuellen Bewältigungspotential abzeichnet, daß die Veränderung nur schwer zu bewältigen ist, sollte erwogen werden, ob durch die Einzelberatung Besserung möglich ist. Die letzte Entscheidung darüber liegt jedoch bei dem Betroffenen selbst.

5.8. Schleichende Symptomentwicklung

Nicht immer sind es so klar wahrnehmbare Ereignisse im Berufsleben, die eine Beratung nahelegen. Oft entsteht der Anlaß dafür aus einer schleichenden Entwicklung, die irgendwann einen aushaltbaren Grenzwert überschreitet. Dies ist der Fall bei Verhaltensproblemen, Kommunikations- und Kooperationsschwierigkeiten, bei sich zuspitzenden persönlichen Lebenskrisen, bei Leistungsabfall und Motivationsverlust, bei neurotischen Fehlentwicklungen, bei der Verfestigung von fixen Ideen und Vorurteilen, bei Abhängigkeitserkrankungen aller Art (Alkohol, Medikamente, Drogen, Spielsucht, Arbeitssucht, Eßsucht), bei eskalierenden Beziehungsstörungen im Kollegenkreis und bei allen Formen körperlich gewordener Befindlichkeitsstörungen mit Krankheitswert (Erschöpfung, Burnout, psychosomatische Erkrankungen).

Bei all diesen Verläufen muß geprüft werden, ob die Einzelberatung als klärendes Eingreifen in den als kritisch erlebten Verlauf in diesem „Zeitfenster" hilfreich sein kann, oder ob es dafür noch zu früh oder bereits zu spät ist. Die in Frage kommenden Dimensionen sind dabei die Aushaltbarkeit der Phänomene in der Arbeitsumgebung, das Ausmaß des möglichen Schadens, die Einsicht des Betroffenen in die Veränderungsnotwendigkeit, seine Lernbereitschaft und der Grad der „Verfestigung" der Phänomene im Leben des Betroffenen. Die Beantwortung folgender Fragen kann bei dieser Entscheidung nützlich sein:

- Welche als negativ erlebten Auswirkungen sind bereits deutlich geworden (Verzögerungen, Schlechtleistung, Mißstimmung, Zeitaufwand für Klärungen, Blockaden im Arbeitsablauf, emotionale Störungen, erhöhter Betreuungsaufwand)?

- Wie ist die Arbeitsumgebung bisher mit diesen Auswirkungen umgegangen (leidendes Hinnehmen, aktives Neutralisieren, Rückzug, Kampf und Streit, Beschwerde und Klage bei Dritten, gutes Zureden, aktives Eingreifen mit/ohne Ergebnis usw.)?

- Was ist die absehbar nächste Stufe der als schädlich erlebten Entwicklung, wenn nichts unternommen wird (Kosten, Erfolgseinbußen, Leistungsabfall bei anderen, Krankheit, Unfälle, Pannen, ernste Fehler usw.)?

- Welche Maßnahmen sind bereits getroffen worden (Gespräche, gutes Zureden, indirekte Hinweise, Vereinbarungen, Versetzungen, Entlastung, Vermeidungsmanöver)? Was waren die Ergebnisse?

- Hat der Betroffene Einsicht in die Problematik oder wehrt er es ab, sich mit der Störung auseinanderzusetzen? Ist er selbst an einer Veränderung interessiert?

Dabei muß davon ausgegangen werden, daß in den Spätphasen einer problematischen Entwicklung durch beratende Gespräche keine nachhaltigen Veränderungen mehr zu bewirken sind. Dies gilt insbesondere, wenn sich erhebliche Teile der Arbeitsumgebung bereits mit der Störung arrangiert und entsprechendes Vermeidungs- und Neutralisierungsverhalten eingeübt haben. In solchen Fällen müßte mit der gesamten „Organisationsfamilie" (Gruppe, Abteilung) gearbeitet werden, um Veränderungen in die Wege zu leiten. Gleiches gilt für solche Fälle, in denen Verhaltensmuster bereits so verfestigt sind (und zudem auch noch wegen der Machtposition des Betroffenen unkonfrontiert ausagiert werden konnten), daß die vergleichsweise milde Intervention des beratenden Gespräches einfach nicht ausreicht, um den Betroffenen überhaupt im Kontakt zu erreichen. In solchen Fällen sind zunächst drastischere Formen des Eingreifens (Versetzung, Kündigung, Nichtbeförderung, Konfrontationsgespräch) nötig, die ihrerseits dann als Auslöser für einen folgenden Beratungsprozeß dienen können. Sind auch solche Formen der Intervention nicht möglich, muß notgedrungen auf das „ausreichende Maß an Krise" gewartet werden, daß sich zwangsläufig durch externe Mechanismen einstellen wird (Umsatzrückgang, Kostensteigerung, Unfälle, Pannen, schwere Fehler). Die dann überschrittene „Schwelle der Aushaltbarkeit" dient als Auslöser für weitere Maßnahmen. Manchmal allerdings wird in einem Unternehmen erstaunlich viel an destruktiven Prozessen hingenommen, bevor ein deutliches Eingreifen erfolgt. Dies hat damit zu tun, daß sich jene Aushaltbarkeitsschwelle für Fehlentwicklungen mit der Steigerung eben dieser Fehlentwicklungen synchron verschiebt. Die Arbeitsumgebung „gewöhnt" sich an Verhältnisse, die einem Außenstehenden schon längst nicht mehr tragbar erscheinen. Die in Managementkreisen berühmte Fabel des „gekochten Frosches" beschreibt solche Vorgänge sehr drastisch.[3]

Andererseits kann es auch für eine Beratung zu früh sein: Der Betroffene ist sich des problematischen Charakters seines Verhaltens oder seiner Befindlichkeit noch gar nicht bewußt, er hat die ihm zur Verfügung stehenden sonstigen Möglichkeiten der Problembehandlung noch nicht ausgeschöpft und würde ein Beratungsgespräch als eine im Verhältnis viel zu drastische Zumutung empfinden.

---

[3] Man kann einen Frosch bei lebendigem Leibe kochen, wenn man ihn in ein Wasserbad bringt, dessen Temperatur sehr langsam gesteigert wird.

Kapitel 6
Alternativen zum Coaching

6.1 Einzelberatung im Verbund individueller Problemlösungsbemühungen

Auch wenn die Einzelberatung von Führungskräften mittlerweile zum Alltag in Organisationen gehört, erfordert es auch heute noch einige Mühe, einen solchen Prozeß einzuleiten. Deswegen ist es sicher oft sinnvoll, den anstehenden Lebensproblemen zunächst mit geringerem Aufwand an Geld und organisatorischer Anstrengung entgegenzutreten. Weil rollenbezogene Beratung der Person eine zu organisierende Beziehung zu einem Außenstehenden beinhaltet, greift sie immer noch deutlich in den gewohnten Lebensablauf des Betroffenen ein und sollte deswegen auch solchen individuellen Problemen vorbehalten bleiben, die aus einem mittelschweren Leidensdruck oder Veränderungsimpuls entstehen. Kleinere „Störungen" oder Fragestellungen, Klärungen und Lernwünsche lassen sich oft mit anderen, leichter verfügbaren Arbeitsformen angehen. Nur wenn sich zeigt, daß solche vorgelagerten Zugänge zur Klärung nicht ausreichen, wäre an eine Einzelberatung zu denken. Der Blick auf die problemadäquate Auswahl einer Unterstützungsmaßnahme aus einem ganzen Panorama von Möglichkeiten hilft, in der personenbezogenen Einzelberatung nicht wieder ein neues „Allheilmittel" für alle Managementprobleme zu sehen, wie das trotz aller Warnungen beim „Coaching" in den letzten Jahren oft geschehen ist.

6.2 Das „Gespräch mit sich selbst"

*Das Schwierigste ist, zu merken,
daß ich es selber schaffen kann.
(Klientenaussage während einer „Coaching"-Beratung)*

Das stumme Selbstgespräch – also das Nachdenken über sich selbst – ist wohl immer noch die verbreitetste Form der Klärung von schwierigen beruflichen Situationen oder persönlichen Problemlagen. Das Selbstgespräch ist einfach, risikolos, erfordert kaum Wartezeiten und kostet fast nichts. Dennoch ist „Selbstreflexion" eine Aktivität, zu der viele Manager nach eigenen Aussagen „kaum noch Zeit und Ruhe haben". Hilfreich ist es sicher, für ein ruhiges Nachdenken über sich selbst Bedingungen herzustellen, in denen Störungen minimiert und Außeneinflüsse gering gehalten werden. Ob jemand nun Spaziergänge oder stille Stunden am Kamin bevorzugt, ist dabei weniger entscheidend als die Möglichkeit, wirklich zu den wesentlichen Dimensionen einer Fragestellung zu gelangen. Die Zeit, die man dafür benötigt, wird allerdings oft unterschätzt. Bis das „innere Getöse" abgestellt ist, das die meisten Menschen im Arbeitsalltag beschäftigt, vergehen oft mehrere Tage. Wer sich also ernsthaft in eine wichtige persönliche Frage, Entscheidung oder Klärung vertiefen will, müßte sich diese Tage gönnen, um zur Ruhe zu kommen. Die Formulierung legt nahe, daß bis „zur Ruhe" gewissermaßen eine Wegstrecke zurückzulegen ist. Manager finden ein solches Vorgehen häufig schwierig, weil ihnen diese Spanne der „Rüstzeit" mit ihrer nötigen Reizarmut als vergeudete Zeit erscheint, in der nichts bewirkt wird und man dem Erfolg scheinbar nicht näher kommt. Die Arbeitsform des „Klosters auf Zeit", die gerne von manchen Führungskräften genutzt wird, kann z.B. ein Hilfsmittel dabei sein. Ein Urlaub ohne „Programm" ist aber ebenso denkbar wie jede andere reizarme Situation.

Die Begrenzung dieser kontemplativen Arbeitsform liegt darin, daß man beim Denken, Einordnen, Verstehen und Schlußfolgern auf seine eigenen gewohnten Vorannahmen, Konzepte, Bilder, Meinungen und Vermeidungsmuster angewiesen ist. Bei großer emotionaler Betroffenheit ist auch jene Selbstdistanz schwierig zu finden, die nötig ist, will man eine Fragestellung aus verschiedenen Blickwinkeln angehen, zum inneren Beoachter werden und eigene Muster als solche erkennen. Immer wieder aufsteigende intensive Gefühle bestimmen dann oft den Blick und machen immer dann eine Klärung oder gar Entscheidung schwierig, wenn es um Veränderung von gewohnten Denk- und Handlungsmustern geht.

Menschen haben die unterschiedlichsten Hilfsmittel ersonnen, um solche „Arbeitsprozesse mit sich selbst" zu unterstützen. Manche schreiben ihre Gedanken und Gefühle auf, manche versuchen unterschiedliche Blickwinkel dadurch einzunehmen, daß sie sich zum Durchdenken bestimmter Positionen jeweils an verschiedenen Stellen im Raum oder im Haus niederlassen oder gar ein Selbstgespräch mit verteilten Rollen auf verschiedenen Plätzen laut führen und so den Konflikt, das Dilemma oder die Entscheidungssituation gewissermaßen „dramatisch" aufbereiten.

Wenn jemand auf einem dieser Wege „mit sich ins reine gekommen" ist, kann das Leben unter dann veränderten Bedingungen weitergehen. Oft aber ist zur Weiterarbeit zusätzlicher „Input" nötig.

6.3 Gespräche mit Büchern

*Eigentlich lernen wir nur von Büchern,
die wir nicht beurteilen können.
(Goethe)*

Bücher sind „Erfahrungen, die man kaufen kann", lautete einst ein Werbespruch des Buchhandels. Kein noch so geringes oder exotisches Lebensproblem, das nicht in einem „Ratgeber" aufgegriffen und einer (scheinbar) raschen Lösung zugeführt würde. Die Versprechungen der Erfolgsratgeber sind in ihrer Griffigkeit z.T. amüsant, z.T. auch absurd. Die große Schwierigkeit liegt darin, daß solche Selbsthilfesachbücher sehr häufig Lebenstatbestände aus der Einmaligkeit des individuellen Erlebens herausnehmen und in eine (scheinbare) generalisierte Aussageform bringen. Die meisten dieser Bücher beschreiben somit eine „Technologie" zur Bearbeitung einer mehr oder minder intensiven und komplexen Lebensproblematik. Leider sind solche Fragestellungen und Schwierigkeiten immer einmalig und situativ so ineinander verwoben, daß sie mit derartigen instrumentellen Sozialtechnologien gerade nicht bewältigt werden können. Es macht einen Unterschied, ob man aus einem Buch lernen möchte, die Wasserpumpe am Auto zu wechseln, oder ob man lernen will, sich von seinem Partner zu trennen, Konflikte mit Kollegen zu gestalten, Bewerbungssituationen erfolgreich zu bestehen und dergleichen. Zwischenmenschliche Situationen sind gekennzeichnet durch die ungeheure Vielfalt unseres eigenen Erlebens und des Erlebens unserer Gesprächs-, Kooperations-, Arbeits- oder Liebespartner. Unser Verhalten unterliegt nicht oder kaum der Steuerung durch noch so vernünftige (Selbst-)Appelle. Insofern läßt sich aus „Sach"-Büchern wenig über Menschliches, Allzumenschliches lernen. In diesem Zusammenhang ist auf den gesicherten Befund hinzuweisen, daß Führungskräfte sich ganz überwiegend abgewöhnt haben, jene Literatur zu lesen, die allein für die Bewältigung des Umgangs mit anderen Menschen und für persönliche Lebensfragen dauerhaft etwas hergibt: gute Belletristik. Die gut geschriebenen Romane und Geschichten (gleich welcher Epoche und Stilrichtung) sind die wirklichen Lehrbücher über das Leben, lehren uns allerdings auf eine völlig andere Weise: Sie sind exemplarisch, schildern Charaktere und Schicksale, zu denen wir uns im nachvollziehenden Mit-Erleben in Beziehung setzen. Wir können uns identifizieren, emotional reagieren, mitfühlen, mitleiden, mitärgern, mitfreuen. Personen und Verhaltensweisen tauchen auf, die wir verstehen oder ablehnen, von denen wir etwas abschauen oder gegen die wir uns abgrenzen. In der Erfahrung der Geschichten anderer erschließt sich uns die eigene Geschichte, die „eigentlich auch einen Roman wert wäre".

Als Kinder und Jugendliche war uns diese Lernform wohl vertraut, auch Manager erinnern sich mit Wehmut und Bedauern daran, wie sie mit innerer Beteiligung und Betroffenheit über das Leben und seine Konflikte gelernt haben, indem sie Romane und Geschichten verschlangen. Wenn also das „Gespräch mit dem Buch" gesucht wird, mag es ausgesprochen nützlich und sogar lustvoll sein, wieder einmal in die Welt der Geschichten abzutauchen. Das Lernen geschieht dann nämlich mit der in jüngster Zeit auch von Führungskräften oft beschworenen „rechten Gehirnhälfte", also „ganzheitlich" und sogar erfahrungsorientiert, wenn Identifikation und Vertiefung in das Romangeschehen möglich werden.

Gleichzeitig sind wir als Leser die Beobachter der geschilderten Figuren, die jenen bei ihrer Selbstreflexion gewissermaßen zuhören können. Dabei machen wir die grundlegende Erfahrung der Unterschiedlichkeit unserer eigenen Beobachtungs- und Urteilskriterien. Leider können wir über diese lernträchtige Differenz nicht mit den Figuren des Buches kommunizieren, auch wenn wir manchmal den Impuls in uns spüren, dem geschilderten Akteur der Geschichte unsere ganz andere Meinung mitgeben zu wollen.

6.4 Gespräche mit dem Partner

Es ist leichter, für andere weise zu sein,
als für sich selbst.
(La Rochefoucauld)

„Abends nach sechs" überschrieb Kurt Tucholsky seine Glosse über die tägliche Kommunikation eines Paares, das beim Spazierengehen im Berliner Tiergarten die frustrierenden Alltagserfahrungen des Berufslebens erzählend „aufarbeitet". Der (Ehe-/Lebens-/Liebes-)Partner nimmt die Rolle des Publikums ein, lauscht dem Bericht von den banalen Heldentaten aus der täglichen Auseinandersetzung im Büro, bestätigt, leidet mit, gibt gute Ratschläge, feuert an und beweist – indem er eindeutig parteilich bleibt – seine Solidarität zum anderen. Dieser tägliche Erfahrungsaustausch dient vorwiegend psychohygienischen Zwecken und hilft, mit den vielen kleinen Frustrationserlebnissen fertig zu werden, die bei der Zusammenarbeit mit anderen Menschen nicht ausbleiben. Zusätzlich bietet eine solche Form der Alltagskommunikation eine Ebene, auf der sich die Partnerbeziehung manifestiert, intensiviert und damit gelebt wird. In Situationen von umfassenderer Problematik, in Entscheidungssituationen und bei der Bewältigung von heftigeren beruflichen Schwierigkeiten reicht die bestätigende und zuwendende Reaktion eines Partners jedoch oft nicht mehr aus, um in der Problembewältigung voranzuschreiten: Der Partner müßte – um die Möglichkeiten dialogischen Vorgehens auszuschöpfen – andere Sichtweisen beisteuern, veränderte Standpunkte ausleuchten, sich auch in Unterschiedlichkeit oder gar in den Gegensatz zum betroffenen Erzähler begeben. Nur dann werden die unterschiedlichen Kategorien sichtbar und lernträchtig, mit denen beide sich die Welt verschieden konstruieren. Nur dann kann aus dieser Unterschiedlichkeit der Erkenntnisgewinn gezogen werden, daß die eigenen Meinungen und Reaktionen eben auch nur ein Konstrukt sind. Nur dann sind eigene Konstruktionen über die „Realität" erst veränderbar. Gelingt eine solche Kommunikation, so hat der Dialog auf Basis der privaten und intimen Beziehung unschätzbare Vorteile: Man kennt einander gut, ist mit den Facetten der Verhaltensweisen, Meinungen, Fähigkeiten, Schwächen und Abneigungen des anderen sehr vertraut. Akzeptanz und Zugewandtsein sind tragende Erfahrungselemente des Gespräches, Unterstützung wird damit direkt erfahrbar. Viele berufliche Problemsituationen werden so in der privaten Beziehung besprochen, bearbeitet, geklärt und über das dialogische Herausarbeiten der Absichten und Handlungen auch gelöst.

Es leuchtet ein, daß es von der Stabilität der privaten Beziehung abhängt, wieviel klärendes „Anders-sein" dem Partner jeweils möglich ist und damit zur kommunikativen Auseinandersetzung einlädt. Der Dialog fordert allerdings die Tragfähigkeit der Beziehung heraus, kann diese auch belasten und wird genau deswegen oft vermieden. Um die private Beziehung nicht zu stören oder zu irritieren, verbleiben beide Partner miteinander in der Gesprächsqualität der (scheinbaren) Einmütigkeit, holen und geben sich wechselseitig Bestätigung für ihre Meinungen und Positionen, Sichtweisen und Interpretationen. Lernen wird dann jedoch schwierig, wenn im Gespräch der Partner jene Unterschiedlichkeit nicht zugelassen wird.

Oft wird das klärende Gespräch auch noch aus anderen Gründen vermieden: Der Beziehungspartner wird als sachlich-inhaltlich nicht kompetent erlebt, weil er die Details der Problemsituation nicht kennt. Seine Meinung ist schon entwertet, bevor er sie äußert, ein Gespräch kann nicht wirklich stattfinden. Häufig wird auch das Risiko empfunden, durch Darlegung einer problematischen Situation könnte das Bild angekratzt werden, das der Beziehungspartner sich im Verlauf der privaten Erfahrung vom Betroffenen aufgebaut hat. Mit solchen unterschiedlich motivierten Rücksichten auf die private Beziehung wird also die zu bewältigende Problemsituation aus dem Beziehungskontext „herausgehalten", der Partner fällt als Quelle klärender Unterstützung und als relevantes Gegenüber für eine Auseinandersetzung einfach aus.

Es hängt also entscheidend von den unendlich vielen situativen Gegebenheiten in der privaten Partnerbeziehung ab, ob eine Problemsituation dort bearbeitbar ist oder nicht. Festzuhalten bleibt, daß die zu bearbeitende Fragestellung auf diesen bereits vorhandenen Beziehungskontext trifft und diesen auch in alle denkbaren Richtungen beeinflussen kann. Die gemeinsame Bewältigung eines beruflich bedingten schwierigen Problems eines Partners kann eine Beziehung intensivieren oder belasten, in jedem Fall wird sie sie mehr oder weniger deutlich verändern. Vor diesem Hintergrund greifen auch alle rezepthaften Verfahrensempfehlungen für den kommunikativen Umgang miteinander letztlich zu kurz. Der oft zu lesende Hinweis, daß der Lebenspartner an den eigenen beruflichen Erfahrungen, Erfolgen und Nöten teilhaben solle, ist ebensowenig allgemeingültig wie der umgekehrte Vorschlag, Lebensgefährten dürften nicht mit den eigenen beruflichen Problemen belastet werden. Solche Generalisierungen waren nur solange brauchbar, wie ein einigermaßen einheitliches Lebensmodell unterstellt werden konnte, nach dem viele Paare sich bei der Balance beruflicher und privater Belange einrichteten. Die Einheitlichkeit solcher Lebensmodelle hat jedoch inzwischen einer unübersehbaren Vielfalt von Beziehungs- und Partnerschaftsarrangements Platz gemacht. Wir finden heute Paare, die sich ganz aktiv wechselseitig in ihren beruflichen Aktionen und bei der Verfolgung der jeweiligen Karrieren unterstützen und – weil sie in ähnlichen Arbeitszusammenhängen stehen – dies auch wirksam leisten können. Wir finden andererseits Paare, in deren Lebensgestaltung die Berufswelt sauber von der Privatsphäre abgetrennt bleibt und Arbeit vorwiegend als Quelle der Alimentierung des „eigentlichen" Lebens gesehen wird. Wir finden auch noch die wertkonservativen „Anhängsel"-Arrangements, wo ein (meist weiblicher) Partner sich den beruflichen Erfordernissen des anderen weitgehend nach- oder sogar unterordnet. In solchen Beziehungen mit starker einseitiger Abhängigkeit wird es tendenziell schwieriger sein, im Beziehungspartner ein wirksames Gesprächsgegenüber zu finden, weil ihm die nötige Kompetenz von vornherein nicht zugeschrieben wird.

Ein weiteres mögliches Hindernis für diese aufarbeitenden und klärenden Problembearbeitungsgespräche mit dem Beziehungspartner ist die unterschiedliche Sprache der Geschlechter. Männer verstehen Sprache und Gespräch vorwiegend als ein Mittel des bloßen Informationsaustausches und parallel dazu als eine Möglichkeit, den Status mit dem jeweiligen Gegenüber auszuhandeln. Problemgespräche sind aus dieser Sicht statusgefährdend und müssen tunlichst vermieden werden. Für Frauen dagegen ist Kommunikation eher ein Mittel, eine Beziehung herzustellen, zu pflegen und die Gemeinsamkeit des Paares zu intensivieren. Aus diesem oft sehr unterschiedlichen, aber den Partnern wenig bewußten Verständnis von Kommunikation entstehen viele Barrieren, deren wiederholte Erfahrung im Extrem die Gesprächsbereitschaft zwischen Partnern völlig erlahmen lassen kann.

6.5 Gespräche mit Freunden und Kollegen

Die Freunde nennen sich aufrichtig, die Feinde sind es.
(Schopenhauer)

Ähnlich wie bei der Frage, ob Gespräche mit dem privaten Beziehungspartner bei der Problembearbeitung hilfreich und nützlich sein können, ist auch bei den Gesprächen mit Freunden und Kollegen zu berücksichtigen, wie sich die Thematisierung einer persönlichen oder beruflichen Problemsituation auf die bereits existierende Beziehung auswirken mag. Die dabei relevanten Beziehungsdimensionen sind die Nähe/Distanz zwischen den Freunden oder Kollegen, das Ausmaß an Vertrauen, das sich in der Beziehung entwickelt hat, die dem Gesprächspartner zugeschriebene fachliche/inhaltliche Kompetenz im Hinblick auf die zu besprechende Problemlage sowie die riskierte Statusveränderung, die man in den Augen des anderen erleiden könnte. Bei Kollegen ist die latent immer vorhandene Konkurrenzbeziehung im Blick, die in der Arbeitswelt bereits strukturell angelegt ist. Ob in einer gegebenen Situation die existierende kollegiale Solidarität oder die – auch existierende – kollegiale Konkurrenz im Vordergrund steht, muß im Einzelfall sorgfältig überlegt werden. Dies gilt um so mehr, je labiler und risikoreicher der Arbeitskontext der Betroffenen erlebt wird. In Zeiten der Umstrukturierung geht solidarisches Handeln rasch zurück, jeder wird sich selbst der Nächste. Auch die Frage, in welche Loyalitätskonflikte ein Kollege schon dadurch geraten mag, daß er von einer Problemsituation Kenntnis erhält, spielt eine Rolle. Der Umgang mit vertraulichen, weil personenbezogenen Informationen ist gerade im Berufsleben ein heikles Geschäft, weil der „Geheimnisträger" in seinem Verhalten gegenüber Dritten gebunden wird und sich plötzlich entscheiden muß, wem seine Parteilichkeit nun gehört. Tendenziell gilt, daß mit steigender hierarchischer Position der „Solidaritätsanteil" in den Kollegialbeziehungen deutlich abnimmt, so daß für Führungskräfte mit fortschreitender Karriere die Möglichkeit geringer wird, sich bei Kollegen „auszusprechen" oder sich dort Rat und Unterstützung zu holen. Wer sich „weiter oben" in der Hierarchie schwach oder anfällig zeigt, provoziert dann nicht mehr Hilfe und Unterstützung, sondern Gegenmaßnahmen im Rahmen der Aufstiegskonkurrenz.

Daß die Zahl der Freunde in schwierigen Situationen drastisch abnimmt, weiß schon der Volksmund. Freundschaftliche Beziehungen sind nur begrenzt tragfähig für wechselseitige Unterstützung. Da in der Arbeitswelt mit steigender Positionierung auch die Möglichkeit und Neigung geringer werden, Freundschaften überhaupt zu pflegen, erweisen sich folgerichtig die losen privaten Beziehungen von Managern als wenig stabil, wenn es um die Inanspruchnahme bei der Problembewältigung geht. Das Ideal des allzeit mobilen Managers, der seine Zeit und Energie ganz überwiegend seiner Arbeit widmet, läßt für die Aufrechterhaltung tragfähiger privater Beziehungen wenig Raum. Konsequenterweise finden wir im Management mit steigender Positionshöhe auch nur noch lockere Beziehungen, die zudem oft den Charakter von Zweckbündnissen tragen. Dabei geht es mehr um die nutzbaren Potentiale des jeweiligen anderen und nicht darum, sich in persönlichen Schwierigkeiten wechselseitig zu unterstützen.

Dennoch gelingt es einigen Führungskräften, sich die solidarischen Freundschaften auch unter Aufrechterhaltung einiger Intimität zu bewahren und sie aktiv zu pflegen. Sie können bei der Bewältigung von personenbezogenen beruflichen Problemen dann auf Menschen zurückgreifen, die verfügbar, gutwillig, kenntnisreich und im Kontakt authentisch sind. Solche Freunde äußern als Gesprächspartner ihre Meinung, verweisen auf Aspekte einer Situation, die der Betroffene selbst nicht im Blick hat, geben offene Rückmeldung, setzen sich in Gegensatz, hören zu, fragen nach, sind nicht „besserwissend", aber auch nicht einfach meinungskonform. In vielen Klärungsprozessen sind derartige Gesprächskontakte, wenn sie denn möglich sind, der künstlich hergestellten Beziehung zu einem angeheuerten Berater in der Wirkung deutlich überlegen.

6.6 Gespräche mit Vorgesetzten

Die Quelle mißbilligt fast immer
den Lauf des Flusses.
(Cocteau)

Wie bei den Gesprächskontakten mit privaten Beziehungspartnern, Freunden und Kollegen gilt auch bei Problemgesprächen mit Vorgesetzten, daß der problematisierende Gesprächskontakt sich im Rahmen einer schon existierenden Beziehung abspielt. Es muß also sorgfältig überlegt werden, wie sich die Beziehung „Ratsuchender – Beratender" auf diese schon existierende Beziehung „Vorgesetzter – Mitarbeiter" auswirkt bzw. durch diese bestehende Beziehung vorgeprägt wird.

Die Arbeitsbeziehung zwischen Vorgesetzten und Mitarbeitern ist kraft Definition hierarchisch, also mit einer Statusasymmetrie versehen. Es handelt sich vorwiegend um eine Rollenbeziehung: Die Beteiligten treten in ihren jeweiligen Rollen miteinander in eine in ihren Möglichkeiten bereits vordefinierte Verbindung und werden als Personen oft nicht/kaum erkennbar. Durch die Rollendefinition wirken sich die Erwartungen, Normen und Rituale der Organisation – also des Unternehmens – auf jeden Gesprächskontakt aus und bestimmen, was in der Kommunikation üblich, noch möglich, erwünscht, unbehaglich, ungewohnt, tabuisiert oder verboten ist. Dieser eingeschränkte Umgang miteinander wird mit steigender hierarchischer Positionshöhe gewöhnlich immer rollenhafter und ärmer.

Die vielen im Rahmen von Führungsempfehlungen zu findenden Aussagen darüber, was eine „gute" Vorgesetzten-Mitarbeiter-Beziehung kennzeichnet, die Handlungsempfehlungen bezüglich der von Vorgesetzten einzuübenden Kommunikationsstile, die Verhaltensempfehlungen für Vorgesetzte bezüglich eines „Mitarbeitergespräches" sind nicht unbedingt hilfreich für Beratungssituationen. Sie gehören in den Kontext „Führung" und damit in eine grundlegend anders geartete, weil rollengeprägte Beziehungslandschaft: Wo das Beratungsgeschehen eine gewisse Nähe erfordert, wird dem Führenden die Wahrung größerer emotionaler Distanz empfohlen. Dem Führenden stehen gegenüber seinem Mitarbeiter Sanktionsmöglichkeiten zu, die eine für Beratungsprozesse nötige Offenlegung von Schwierigkeiten tendenziell verhindern. Die Führungsbeziehung ist auf das (bessere/schnellere/reibungsfreiere) Erreichen eines vorgedachten und angestrebten Zieles ausgerichtet, die Beratungsbeziehung erfordert oft das Aushalten von Unsicherheit und Unklarheit, ist häufig sogar darauf angelegt, eine Situation durch das Erkennen und Benennen von bislang vermiedenen Problemen, „Fehlern" oder „Schwächen" neu und damit vorläufig zu beschreiben. Beratung als Kommunikationsprozeß nimmt einen „divergenten" Verlauf, Führung als Kommunikationsprozeß zielt eher und schneller auf „konvergente" Kommunikation in Richtung Entscheidung, Handlungsfähigkeit und Erledigung.

Man hat versucht, die Beratungsfunktion dennoch in das Rollenbild von Führungskräften einzubauen. Im amerikanischen Management wird unter „Coaching" ganz explizit verstanden, daß der Vorgesetzte seine Mitarbeiter anleitet, fördert, entwickelt, Probleme mit ihnen bespricht und sie berät. Auch im deutschen Management wird in diesem Zusammenhang seit einiger Zeit dem Vorgesetzten aufgetragen, seine Beziehung zu Mitarbeitern im Sinne eines „Coachings" weiter auszuweiten und zu intensivieren, so daß sie auch ein Beratungsgeschehen angesichts erheblicher Problemlagen des Mitarbeiters umfassen kann. Dies würde dem Vorgesetzten eine außergewöhnlich hohe Klarheit und eine ausgefeilte kommunikative Kompetenz abverlangen, die oft noch nicht einmal von professionellen Kommunikatoren erreicht wird und sicherlich nicht in einigen Trainingstagen erlernbar ist. Insoweit bleibt das Beratungsgespräch mit dem Vorgesetzten immer ein höchst delikates Unterfangen, ganz gleich, ob die Coachingfunktion im Rollenbild des offiziell Vorgesetzten angelegt ist oder nicht. Im Einzelfall wird es sehr auf die Art der Problemlage, auf den Probleminhalt und auf das Ausmaß ankommen, in dem die Person des Mitarbeiters jenseits der Rolle in die anstehende Fragestellung involviert ist. Wer sich beraten läßt, wird in hohem Maße auch in Personenanteilen erkennbar, die üblicherweise im Rollenkontakt nicht gezeigt werden. Wer sich beraten läßt, zeigt sich. Es bleibt immer die Gefahr, daß der Vorgesetzte aus seiner Führungsfunktion „Leistungsbewertung" nicht herauskommt und die ihm sichtbar gewordenen Problemlagen des Mitarbeiters als Beurteiler nimmt und wertet. Da ein Mitarbeiter das weiß oder annehmen muß, wird er sich auch im Beratungsverlauf kontrolliert und taktisch verhalten. Damit aber hat Beratung als kommunikatives Geschehen oft bereits ihren Sinn und Nutzen für den Beratenen verloren.

Man kann diese Schwierigkeit der Beziehungskonfusion vermindern, indem der Vorgesetzte im Rahmen seiner Führungstätigkeit nur die rollenbezogenen Arbeitsprobleme des Mitarbeiters im Beratungsgeschehen thematisiert. Beratung durch Vorgesetzte bleibt dann beschränkt auf Sachaufgaben und klammert persönliche weitergehende Schwierigkeiten des Mitarbeiters konsequent aus. Viele methodische Aussagen zum internen „Coaching" durch Vorgesetzte beziehen diese zusätzliche Führungsfunktion denn auch ausschließlich auf aufgabenbezogene Themen.

Man kann neben dem Vorgesetzten innerhalb des Unternehmens eine zusätzliche Person mit einer Rolle als „Mentor" ausstatten, die meist von älteren, erfahrenen Mitarbeitern bekleidet wird. Solche Mentoren oder „Paten" dienen als Ansprechpartner für eine ganz bestimmte Klasse von Orientierungsproblemen vorwiegend jüngerer Mitarbeiter, die sich auf die Rituale und Normen des Unternehmens, auf fachliche Fragen, auf Fragen des beruflichen Fortkommens oder auf ein allgemeines „Sponsoring" für die eigene Weiterentwicklung im Unternehmen beziehen. Die Funktion und Beziehungsgestaltung solcher Mentoren ähnelt dann derjenigen eines Coaches im Sport. Hier sind sicher auch personenbezogenere Beratungsvorgänge leichter möglich, weil die Gefahr der Beziehungsvermischung weniger groß ist.

Für die Frage, ob jemand mit einer persönlichen/beruflichen Problemlage seinen Vorgesetzten als Gesprächspartner und Berater in Anspruch nehmen kann, muß also geprüft werden:

- Ist die anstehende Problemlage sehr persönlicher Natur, oder geht es um Anleitung in Fachfragen mit Blick auf die zu bewältigende Sachaufgabe?

- Wird die bloße Benennung der Problemlage das Bild des Vorgesetzten vom Mitarbeiter im Hinblick auf die Leistungsbeurteilung beeinflussen?

- Ist insbesondere der Vorgesetzte in der Lage, die beiden Beziehungsebenen auseinanderzuhalten und sich aus seiner Rolle als Anleiter, Antreiber, Bewerter, Entscheider zu lösen?

- Ist der Vorgesetzte methodisch und emotional in der Lage, so intensive Gespräche von problematisierendem Charakter zu führen?

Wenn das Gespräch mit dem Vorgesetzten möglich ist, können die sicher vorhandenen, erheblichen Potentiale der existierenden Rollenbeziehung für die Klärungsarbeit im Dialog genutzt werden. Der Vorgesetzte kennt sich in den fachlichen Details der Aufgabe aus und kennt auch die Arbeitseigenheiten seines Mitarbeiters, er ist – im Idealfall – unabhängig und souverän genug, um seinem Mitarbeiter wesentliche Eigenerfahrungen in einer schwierigen Situation nicht abzunehmen, die Situation also lernträchtig zu lassen statt auf Erledigung zu drängen.

6.7 Kontakte mit Beratungsstellen

Der Laie möchte gern sehen – aber er hat kein Augenglas.
Der Fachmann hat eine Brille und ist blind.
Schauen können beide nicht.
(Tucholsky)

Wenn eine Führungskraft zu der Überzeugung gelangt ist, daß die im privaten und beruflichen Umfeld vorhandenen Personen als Gesprächspartner für eine anstehende berufliche und/oder persönliche Problemsituation nicht in Betracht kommen, mag sie es für naheliegend halten, sich nun auf die Suche nach einer Beratungsstelle zu machen, die für die anstehende Problematik gezielt Unterstützung, Klärung und Rat anbietet. Es gibt in der Tat Beratungsstellen für ganz verschiedene persönliche und familiäre Schwierigkeiten: Eheberatung, Erziehungsberatung, Suchtberatung, psychosoziale Beratung, Konfliktberatung, Sozialberatung, Schulpsychologen, Sexualberatung, Behindertenberatung, Jugendberatung sind nur die gängigsten Arbeitsfelder. Unter den Klienten der dort tätigen Berater sind Führungskräfte allerdings ausgesprochen selten zu finden: Diese Institutionen sind aus Managersicht in einem stigmatisierten Milieu angesiedelt. Dort gehen offenbar Menschen hin, die in den Augen des Managers – wenigstens partiell – zu den gesellschaftlichen Verlierern zählen und mit dem Leben nicht zurechtkommen. Die Beratungskultur deutet auf Armut, Hilflosigkeit, Schwäche und Versagen, sie liegt auf der wertmäßig entgegengesetzten Seite zu den im Management gültigen Idealen: Überblick, Stärke, etwas schaffen, Problemlösung, energisches Handeln, Zielerreichung, Vorbild sein, Reichtum, Erfolg. Dies hat gesellschaftliche und historische Gründe: Beratungsstellen sind in der Tat zum großen Teil als eine „Wohlfahrtseinrichtung" von den Verbänden der Wohlfahrtspflege aufgebaut worden, um den „Problembeladenen" der Gesellschaft bei ihren Schwierigkeiten zu helfen. Bei ihrer Installierung wurde kaum daran gedacht, daß auch Führungskräfte aus Wirtschaft und Politik, also die Starken und Mächtigen, dereinst zur Klientel gehören könnten. Inzwischen ist eine gesellschaftliche Situation eingetreten, deren Labilität und wechselvolle Dynamik auch Leistungsträger, Etablierte und Mächtige sehr schnell zu unterstützungsbedürftigen Klienten machen kann.

Nur ist man in diesen Einrichtungen auf berufliche oder persönliche Probleme von Führungskräften inhaltlich oder methodisch kaum vorbereitet. Weder sind die spezifischen Symptomlagen von ansonsten gut „funktionierenden" Führungskräften dort geläufig, noch gibt es ein entwickeltes Interventionsrepertoire, das auf solche managerialen Fragestellungen zugeschnitten wäre. Zusätzlich ist die Welt der Wirtschaft und des Managements als eine „kalte" und „machtorientierte" Welt in der psychosozialen Subkultur nach wie vor wenig beliebt, stößt vielmehr auf Ablehnung und ideologisch eingefärbte Vorurteile. Insoweit ist es derzeit eher ein Zufall, wenn ein Manager sich tatsächlich in eine Beratungsstelle verirrt und dort auf professionelle Berater psychosozialer Orientierung trifft, die sich wirksam zu ihm und seinem Thema in Beziehung setzen können.

Beratungsstellen psychosozialen Zuschnitts sind damit für Führungskräfte ausgesprochen „hochschwellige" Einrichtungen. In der abgestuften Folge von Möglichkeiten zur Problembearbeitung sind sie gewissermaßen „nach" der Einzelberatung im Managementkontext angesiedelt, und die Modalitäten ihrer Inanspruchnahme wären erst im Verlauf dieser Beratung zu klären.

6.8 Die Einzelberatung von Führungskräften als abgeleitete „Mischung" von Beziehungsqualitäten

Führungskräfteeinzelberatung stellt eine im Management bis dahin praktisch unbekannte Beziehungsqualität zwischen zwei Personen dar. Die Beratungsbeziehung wird in einer bestimmten Problemsituation bewußt und mit einer gewissen Zielorientierung hergestellt.

Dabei wird versucht, eine ähnliche Form der Vertrautheit herzustellen, wie sie oft in Freundschafts- und Partnerschaftsbeziehungen herrscht. Dem Berater kann der Klient sanktionsfrei alles sagen und mit ihm über alles sprechen, ohne jede thematische Einschränkung, sofern dies im Arbeitsbündnis so vereinbart wurde. Bei aller Nähe, die jener einer Freundschaftsbeziehung ähnelt, bleibt die Basis des kommunikativen Geschehens die getroffene Vereinbarung, nicht etwa das Gefühl von Sympathie, gemeinsamer Geschichte oder wechselseitiger Abhängigkeit. In der Beratung wird versucht, eine ähnliche Möglichkeit

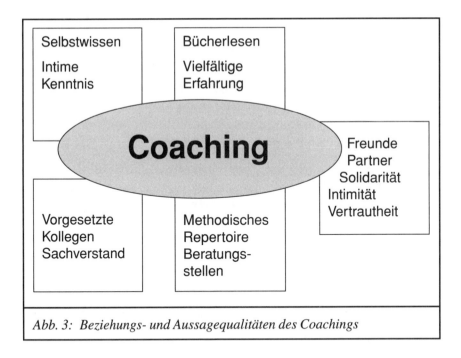
Abb. 3: Beziehungs- und Aussagequalitäten des Coachings

intensiver Reflexion bereitzustellen, wie sie der Klient aus seinen „Selbstgesprächen" kennt. In dem Bemühen um Einfühlung und bei gelingender Kommunikation kann der Berater der intimen Selbstkenntnis des Klienten gelegentlich einigermaßen nahe kommen, er kann „verstehen".

Der Berater versucht außerdem, in der Beziehung eine ähnliche Vielfalt unterschiedlicher Sichten bereitzustellen, wie man sie aus Gesprächen mit Fremden oder aus der Lektüre von Büchern gewinnen kann. Dies gelingt um so eher, je mehr unterschiedliche Klienten der Berater schon kennengelernt hat. Zudem benötigt der Beratungsprozeß als rollenbezogene Veranstaltung auch Sachverstand und thematische Vorkenntnis, er ist immer auch ein Gespräch unter Experten.

Im Gesamtbild stellt sich damit in der Beratung eine Beziehungsform her, die gewissermaßen qualitative „Anleihen" bei anderen, schon bestehenden und auch im Management geläufigen Beziehungsqualitäten vornimmt. Damit wird sie jenen zwar ähnlich, muß aber ausreichend unverwechselbar bleiben. Führungkräfte, die sich beraten lassen, gehen in eine künstlich hergestellte, zweckorientierte und nicht in ihr Leben integrierte Arbeitsbeziehung hinein, um sehr persönliche und intime Problemstellungen zur Person, insbesondere zu deren Schwierigkeiten im Umgang mit der Berufsrolle als Manager aufzuarbeiten (s*iehe Abb. 3)*.

Kapitel 7
Idealtypischer Ablauf einer Beratung

7.1 Wie findet man einen Berater?

Eine Reise von tausend Meilen fängt unter Deinem Fuße an.
(Laotse)

Sich auf ein Einzelberatung einzulassen heißt nach den Überlegungen des letzten Kapitels, eine ganz neue Art von Arbeitsbeziehung zu einem fremden Menschen aufzunehmen. Aus diesem Grund ist es nützlich und sinnvoll, für die Suche und Auswahl des zukünftigen Beraters einige Sorgfalt zu verwenden.

Eine Erschwernis bei der Suche nach dem neuen Beratungsgefährten liegt darin, daß Einzelberater, die etwas auf sich halten, wenig bis gar keine Werbung für ihre Tätigkeit machen. Das verbietet nicht nur die Diskretion, die mit dieser Tätigkeit nun einmal verbunden ist, oder das Berufsethos der Freiberufler. Jeder Berater weiß, daß die Suche nach ihm für den zukünftigen Klienten bereits einen Teil jenes Klärungsprozesses darstellt, den eben dieser Klient anstrebt. Der Weg in die Beratung darf ruhig etwas länger und auch beschwerlich bleiben: Immer wieder muß der Betroffene sich schon während seiner Suche die Frage stellen, ob es wirklich nötig ist, daß er externe Unterstützung in Anspruch nimmt. Immer wieder muß er die Prioritäten gegeneinander abwägen und die Wichtigkeit der Problemklärung gegen das Risiko der Erkennbarkeit und die Mühe des Suchens aufrechnen. Die Einzelberatung für Führungskräfte ist zwar unter dem Namen „Coaching" entwickelt worden, um die

Erreichbarkeit personenzentrierter Beratung für Manager zu erhöhen, doch darf die Schwelle als „Grenzmarkierung" nicht völlig verschwinden. Der für die Entscheidungsfindung wichtige Vorlaufprozeß kann nicht stattfinden, wenn man seinen Berater so einfach engagieren kann wie eine Gebäudereinigung.

Der etwas schwieriger zu findende Berater weiß jedenfalls mit einiger Sicherheit, daß ihn nur solche Klienten erreichen, die dann auch ausreichend motiviert sind, um die Irritationen und emotionalen Mühen des anstehenden Prozesses auch auf sich zu nehmen. Alle anderen potentiellen Interessenten haben sich entweder anderweitig helfen können oder sich einstweilen dafür entschieden, mit ihrer Schwierigkeit erst einmal weiterzuleben. Diese automatische Vorselektion erleichtert das Leben von Einzelberatern ganz erheblich.

Es hat sich inzwischen hier allerdings einiges im professionellen Feld sortiert. Ein „Coach" für Fragestellungen mit geringem persönlichen Bezug und für die weniger stigmatisierten Lerninteressen von Führungskräften ist mittlerweile leicht zu finden, weil er sich und seine Dienstleistung manchmal regelrecht anbietet.

Immer noch wenig sichtbar sind hingegen jene Berater, die mit fortgeschrittenen personenzentrierten Befindlichkeitsstörungen von bereits einigem Reifegrad und dem damit einhergehenden hohen Veränderungswiderstand des Klienten arbeiten. Viele Beratungskontakte kommen nach wie vor über eine oft höchst verzwickte Kette von Umwegen und Zufällen zustande, die ihrerseits bereits zu einem Teil der neuen Lerngeschichte des Klienten werden. Die Suche gehört immer noch zu den Bearbeitungsmühen, die zur Problembehandlung nun einmal nötig sind. Dies ist durchaus erwünscht und sollte mitbedacht werden, wenn allzu eifrige Personalabteilungen sich anheischig machen, ihren Führungskräften diese Dienstleistung anzubieten.

Da ist z.B. die Führungskraft, die ihr eigenes persönliches Problem – selbstbildunschädlich und weltbildverträglich – als sachbezogenes Lerninteresse umformuliert hat und mit Hilfe von bestehenden Kontakten auf die Suche nach einem „Experten für ..." geht. In beiläufigen Gesprächen mit Kollegen oder Bekannten, über die Anfrage an die Bildungsabteilung, durch Zeitschriftenlektüre oder sonstwie gerät sie an einen solchen, der – glücklicherweise – nun hilft, die Problematik in ihrer vollen Schärfe und Bedeutung erst wieder zu reformulieren. So wird aus dem zunächst geäußerten Wunsch nach Information über ein „Fachbuch zur Kreativitätsförderung" langsam und behutsam wieder das (originäre) Anliegen, sein eigenes Gefühl von innerer Leere, Sinnverlust und Depressivität mit einem kompetenten Berater zu thematisieren.

Da trifft z.B. die Führungskraft auf einem Managementseminar andere Führungskräfte und erfährt – gefördert durch die auf solchen Veranstaltungen entstehende Vertrautheit – von einem geglückten Beratungsverlauf in einer schwierigen Berufssituation. Dies bleibt nicht ohne Nachhall, und sie erkundigt sich nach Namen.

Da nimmt jemand an einem Assessment Center teil und erfährt in der Rückmeldung durch die Beobachter etwas über seine Verhaltenseigenheiten und brachliegende Lernfelder. Er nutzt die Situation und fragt nach Möglichkeiten, zu diesem oder jenem personenbezogenen Thema etwas für sich zu tun, erhält entsprechende Adressen und beginnt, über sich zu lernen. Dadurch kommt er in Kontakt mit Beratern, die – auch – als Coaches arbeiten.

Solche Beispiele mögen zeigen, daß es keinen definierten und scharf vorgezeichneten Weg gibt, den für sich richtigen Berater zu finden. Beschaffungstechnologien sind zum Glück für Beratungsprozesse noch nicht definiert. Und die bisher vorliegenden Erfahrungen stützen die These, daß faktisch jene Einzelberatungen unbefriedigend verlaufen, bei denen der Suchprozeß leicht, oberflächlich und schnell ging: Zu wenig haben beide Parteien geprüft und überlegt, ob sie die „gemeinsame Reise" auch antreten wollen.

Unschädlich sind schnell eingekaufte pädagogische Dienstleistungen nur dort, wo der Betroffene wegen seines Anliegens nicht sehr persönlich in Anspruch genommen werden muß. Sowie aber Beziehungsdimensionen eine Rolle für die Wirksamkeit der Beratung spielen, muß durch entsprechende Vorlaufphasen des Suchens und Prüfens sichergestellt werden, daß beim Klienten zum „Sich-Einlassen" auch die Bereitschaft besteht.

Führungskräfteeinzelberatung ist eine Funktion, kein Beruf, auch wenn sich viele „Coaches" auf einem schillernden Markt anbieten. Die Anfrage bei den hauptamtlich Verantwortlichen für Personalentwicklung oder Management Development, die es in großen Unternehmen gibt, ist meist ein guter Ausgangspunkt für die Suche.

7.2 Hier kommt der Klient

7.2.1 Zum Begriff des Klienten

Berater belegen die Position, die ihre Gesprächspartner jeweils einnehmen, mit unterschiedlichen Begriffen. Vom „Mandanten" wird gesprochen, wenn der Auftragscharakter deutlich werden soll.

„Klient" ist die inzwischen am meisten benutzte Bezeichnung. Sie nimmt Rückgriff auf jene altrömische Teilpopulation von „Schutzbefohlenen" „clientes", die als Halbfreie der Vertretung durch einen anderen bedurften und mit diesem durch die Qualität der Beziehungstreue „fides" verbunden waren.

„Kunden" wären demgegenüber schon „kundig", also verständige und vorgebildete Gesprächs- und Verhandlungspartner, die mit dem Lieferanten über eine dritte Sache in kommunikativen Kontakt treten. Beide, Kunde und Lieferant müssen von dieser dritten Sache (Leistung) ausreichend viel Kenntnis hinsichtlich Nutzen, Wert und der potentiellen Verwendungsmöglichkeiten haben, damit Kommunikation darüber möglich wird. Die Kundenmetapher setzt also einen Gesprächspartner voraus, der über die Modalitäten der Leistungserbringung so viel Vorinformation besitzt, daß er urteilsfähig hinsichtlich Kauf oder Nichtkauf ist. Hier besteht immerhin die Gefahr, über die Wortwahl eine Gleichwertigkeit der Ausgangslage zu signalisieren, die im eigentlichen Verlauf der Beratung dann nicht eingelöst werden kann.

Der Begriff „Coachee" (ähnlich wie bei „employer – employee", „trainer – trainee") betont, daß am Beratenen etwas vollzogen wird: Er hat sich nicht durchgesetzt. Und „Patienten" sind leidende Menschen, die in einem klinischen Sinne „behandelt" werden, eine Vorstellung, die für Beratungsvorgänge schlicht nicht zutrifft.

7.2.2 Wer sind die Klienten?

Die Klienten sind in jedem Fall wegen ihrer beruflichen Fragestellungen in der Beratung, und im überwiegenden Falle tragen sie in ihrer Berufstätigkeit ein erhebliches Maß an Verantwortung für Dinge, Ergebnisse und andere Menschen. Es gibt viele gesellschaftliche Subsysteme, in denen Menschen berufstätig sind und hohe Verantwortung für andere tragen: Das gesamte Feld der Politik, der Verwaltung, des Rechtswesens, des Bildungswesens, der Wissenschaft, der Kulturarbeit und des Sozialwesens sind potentielle Einsatzgebiete für diese Art der Einzelberatung. In einigen dieser gesellschaftlichen Teilsysteme gibt es bereits korrespondierende Arbeitsformen: Im Sozialbereich und zum Teil in pädagogischen Arbeitsfeldern existiert die „Supervision" oder – für jüngere Berufstätige – die „Praxisanleitung". Bei angehenden Lehrern gibt es die Figur des Mentors im gleichen Sinn wie in Unternehmen. In der Verwaltung ist die Notwendigkeit für solche Beratungsarbeit noch nicht so evident geworden, weil dort wegen der intensiven Orientierung an Regeln, Verfahrensvorschriften und definierten Handlungsprozeduren eine klärende Aufarbeitung von Erfahrungen bisher nicht nötig schien. Mit steigender Komplexität der Aufgaben zeigen sich inzwischen auch dort bereits die ersten Anzeichen für einen solchen Beratungsbedarf.

Es ist ein wiederkehrender Diskussionspunkt, welche Führungskräfte auf welchen hierarchischen Ebenen für eine Organisation für eine Einzelberatung überhaupt „in Frage kommen". Aus der nüchtern-rationalen Sicht des Unternehmens spielt dabei eine Rolle, welche möglichen schädlichen Auswirkungen sich aus einer Befindlichkeitsstörung, einer persönlichen Problemlage oder aus dem Nichtvorhandensein bestimmter personaler Eigenschaften und Verhaltensweisen bei der betreffenden Führungskraft ergeben können. „Pflegedienste" gibt es gewissermaßen nur für wichtige und teure „Aggregate", das gilt auch im Bereich der Humanressourcen. Dahinter steht ein – nie explizit formuliertes, aber durch schlüssiges Handeln inzwischen sichtbar gewordenes – Kalkül: Nur wenn die Risiken aus einer Nichtbearbeitung höher sind als der materielle und immaterielle Aufwand einer Bearbeitung, erscheint Einzelberatung als eine lohnende Handlungsmöglichkeit. Dies ist – ungeachtet der nicht lösbaren Zurechenproblematik von positiven wie negativen Wirkungen – legitimes betriebswirtschaftliches Denken. Nun hat sich in den letzten Jahren eine Situation ergeben, wo wegen der hohen Veränderungsdynamik und der gestiegenen Anforderungen an Flexibilität und Tempo die Risiken von „schlechtem" Management deutlich gestiegen sind. Aus diesem Grund rutschen immer mehr Führungskräfte in den Kreis der beratungsbedürftigen potentiellen Klienten.

Was kostet ein ungelöster Konflikt zwischen Laborleiter und Chemielaborant im Qualitätswesen? Wie „teuer" ist es, einen alkoholkranken Mitarbeiter im Außendienst zu beschäftigen? Wie schädlich ist die mangelnde ethische Stabilität eines Einkaufsleiters, der Schmiergelder entgegennimmt? Wie teuer ist es, einen Softwareentwickler gehen zu lassen und die Stelle neu zu besetzen? Wieviel darf die Verbesserung der Entscheidungsfähigkeit eines Marketingleiters kosten?

Dennoch ist die Einzelberatung vorwiegend auf den höheren Rängen angesiedelt. Bestimmte Problemlagen treten dort auch häufiger und heftiger auf: Einsamkeit, unentdeckte, verborgene Fehlentwicklungen, beziehungsstörende Kommunikationsgewohnheiten etc. Gleichzeitig benötigen die Klienten auf diesen Positionen wegen der extremen Sichtbarkeit ihres Rollenhandelns auch die besondere Sorgfalt der Beziehungsanbahnung und -gestaltung zu und mit ihrem Berater, muß nach wie vor der möglichen Stigmatisierung Rechnung getragen werden. Für mittlere Führungskräfte wäre die Schwelle zur Beratung aus dieser Sicht geringer, gleichzeitig kommen sie wegen der weniger bedeutungsvollen Konsequenzen ihres Verhaltens auch weniger in Frage.

Hier hat sich in den letzten Jahren viel geändert, es ist auch weiterhin damit zu rechnen, daß mit fortschreitender „Enttabuisierung" und Normalisierung die Einzelberatung von Führungskräften zu einer gängigen Form der Personalpflege werden wird.

7.3 Die Verträge: Grundlage der Beratungsbeziehung

7.3.1 Der formale Vertrag mit dem externen Berater

Das Arrangement zur Etablierung der Beziehung mit einem externen Berater basiert auf einer vertraglichen Absprache, die die Modalitäten von Leistungserbringung, Bezahlung, Risikoverteilung und Haftung regelt. Formalien sind immer nur Anlässe für nötige Reflexions- und Klärungsphasen. Die Abfassung dieses Vertrages findet in psychologischer Sicht ihren Sinn vorwiegend darin, alle Beteiligten zu einem rechtzeitigen und sorgfältigen Bedenken der Wünsche, Chancen und Risiken zu veranlassen, die sie mit dem Beratungsvorhaben verbinden. In den meisten Fällen ist die Funktion der Vertragsformulierung damit auch schon erfüllt. Die andere Funktion von Verträgen ist es, Konfliktregelungsmechanismen bereits zu entwerfen, solange noch kein Konflikt ausgebrochen ist. Glücklicherweise kommt es in

Einzelberatungen sehr selten dazu, daß später der formale Vertrag herangezogen werden muß, um auftauchende Konflikte zwischen den Beteiligten zu klären. In diesem Sinne ist der Vertrag also dazu da, daß man ihn nicht braucht.

Ein Beratungsvertrag gehört zu den Dienstverträgen, nicht zu den Werkverträgen. In ihm wird nicht ein bestimmtes Ergebnis oder ein Erfolg versprochen, sondern die Erbringung einer Beratungsleistung. Dies ist sinnvoll, weil die Herbeiführung eines etwaigen Erfolges ganz erheblich von der inneren Bereitschaft und Mitwirkung des Betroffenen abhängt. Es gibt aus diesem Vertrag für den Klienten also keinen Schadensersatz wegen Nichterfüllung, nur weil sich ein erwartetes Ergebnis nicht eingestellt hat. Der Berater verspricht in diesem Vertrag lediglich, in fundierter Weise auf der Grundlage von Gesprächen an den beruflichen und persönlichen Themen und Schwierigkeiten des betroffenen Klienten zu arbeiten. Er muß dabei das Maß an Umsicht und Sorgfalt walten lassen, das entsprechend dem Urteil besonnener und gewissenhafter Angehöriger des Berufskreises zu fordern ist. Der Klient verpflichtet sich zur Vergütung dieser Leistung durch den vereinbarten Honorarsatz, der auf Stundenbasis, Tagesbasis oder pauschal vereinbart werden kann. Was die vereinbarte Zeitdauer betrifft, so haben sich unterschiedliche Regelungen herausgebildet. Zum einen gibt es zeitlich zunächst unbegrenzte Beratungen, die nach gemeinsamer Verständigung erst dann beendet werden, wenn der Klient den Eindruck hat, sein Ziel erreicht zu haben. Die Feststellung und Klärung eines Abbruches oder des Abschlusses sollten einer dafür in jedem Fall vereinbarten letzten Auswertungssitzung vorbehalten bleiben. Damit werden unbewältigte Abbrüche vermieden.

Zum anderen gibt es die vorab fixierten Laufzeiten für Beratungen, mit dem Erfahrungswert von etwa zehn fest vereinbarten Sitzungen. Die Fixierung einer Mindestlaufzeit und einer Mindestzahl von Sitzungen soll sicherstellen, daß der Prozeß nicht einfach schon deswegen vorzeitig und einseitig abgebrochen wird, weil der Klient die erhoffte schnelle Veränderung, Klärung oder Problemlösung nicht sofort erzielt. Andererseits soll sich der Klient nicht von vornherein auf eine allzu lange Zeit binden müssen. Häufig wird diese Frage dadurch gelöst, daß jeweils zeitlich begrenzte Abschnitte fest vereinbart werden, nach deren Ablauf von beiden Seiten eine bewußte Neuentscheidung hinsichtlich der Fortführung oder des Abbruchs erfolgen kann.

Nicht selten wird der formale Vertrag nicht mit dem Betroffenen selbst, sondern mit dem Unternehmen geschlossen, bei dem der Betroffene beschäftigt ist. In diesem Fall entstehen zusätzliche Beziehungskomplexitäten, z.B. Fragen der Diskretion gegenüber anderen Stellen des Unternehmens. Die pragmatische Vorgehensweise basiert auf einem mit dem Unternehmen geschlossenen, allgemein gehaltenen Beratungsvertrag, in dem Namen oder gar Thematiken nicht genannt werden. Gleiches gilt für die Formulierung der Rechnungen an das Unternehmen. Regelungen über die Verfahrensweisen bei Reisekosten, Terminausfällen und kurzfristigen Terminänderungen vervollständigen den formalen Vertrag.

7.3.2 Das Arbeitsbündnis

Im Gegensatz zu dem formalen Vertrag wird das Arbeitsbündnis häufiger und intensiver während der Beratung herangezogen, um Sinn und Fortschritt der Arbeit zu überprüfen. Insoweit ist es der wichtigere Teil der Absprachen und gleichzeitig bereits ein Teil der zu leistenden Beziehungsdefinition. Im Arbeitsbündnis klären die beiden beteiligten Personen ab, ob und wozu, auf welche Weise und unter Beachtung welcher Spielregeln sie sich auf die gemeinsame kommunikative Klärungsarbeit einlassen wollen. Die Herstellung des Arbeitsbündnisses kann einige Zeit in Anspruch nehmen: Der Berater versucht zunächst, genau zu verstehen, worum es seinem Klienten inhaltlich geht. Der Klient versucht, sich darüber zu orientieren, auf welche Weise er mit dem Berater wirksam an seiner Problemsituation arbeiten kann. In solchen Arbeitsbündnissen tauchen – jenseits aller zu berücksichtigenden Besonderheiten des Einzelfalles – immer wieder ähnliche Fragen auf:

> *Zielsetzung:* Was soll aus Sicht des Klienten nach der Beratung alles anders sein als zum gegenwärtigen Zeitpunkt? (Vgl. dazu auch den folgenden Abschnitt über die Zielformulierung.)
>
> *Kriterien:* Woran wird der Klient merken, daß er sein Anliegen in ausreichender Weise bearbeitet hat?
>
> *Tabuzone:* Was soll während der und durch die Beratung auf keinen Fall passieren?
>
> *Thema:* Wie lautet die Problemformulierung des Klienten zu Beginn des Prozesses?
>
> *Grenzen:* Wer darf von der Beratung wissen und wer nicht? (Wichtig für die Terminvereinbarung mit Sekretariaten etc.)
>
> *Prognose:* Wie ist die zu erwartende Entwicklung der Problemlage ohne die Beratung? Was passiert, wenn nichts geschieht?
>
> *Macht:* Welche kommunikativen Rechte gesteht der Klient dem Berater zu? Welche Rechte beansprucht dieser?
>
> *Zeitpunkt:* Warum ist es gerade jetzt zur Beratung gekommen?
>
> *Befürchtungen:* Was könnte schlimmstenfalls bei dieser Arbeit passieren?
>
> *Vorannahmen:* Was weiß der Klient bereits über Beratung, therapeutische und pädagogische Prozesse? Was erwartet er hinsichtlich des methodischen Vorgehens?
>
> *Zeit:* Welche Vorstellungen über die Dauer des Prozesses und über das Eintreten von spürbaren „Effekten" haben Klient und Berater?

> ***Symptome:*** *Woran hat der Klient gemerkt, daß er „reif" für eine Beratung ist und diese für ihn nützlich sein könnte?*
>
> ***Alternative:*** *Was hat der Klient bisher schon unternommen, um mit dem anstehenden Problem umzugehen?*
>
> ***Geschichte:*** *Wie ist es zu der Situation gekommen, die jetzt diese Beratung auslöst?*

Wollte man allen denkbaren Situationen gerecht werden, würde diese Liste sicher sehr viel umfangreicher. Weitere Fragen im Vorfeld können und werden also auftreten und müssen besprochen werden. Es empfiehlt sich, auch dieses Arbeitsbündnis in einer kurzen Notiz schriftlich festzuhalten. In den meisten Fällen wird es während der Beratung Anlaß geben, das anfängliche Bündnis zu ändern, zu erweitern, einzugrenzen oder neue Spielregeln zu vereinbaren. Solche Veränderungen markieren wesentliche Abschnitte im Prozeß, und es ist wichtig, von ihnen bewußt und explizit Notiz zu nehmen und das Bündnis jeweils sorgfältig zu reformulieren.

7.4 Die Ziele der Beratung

7.4.1 Die Arbeit an der Zielformulierung

Die Einzelberatung paßt sich der unter Managern üblichen Denkweise auch dadurch an, daß sie sich einer vorab formulierten Zielvorstellung zu verpflichten sucht. Dies steht zwar im Widerspruch zu der divergenten und kaum prognostizierbaren Arbeitsweise personenzentrierter Beratung, wie sie etwa in psychosozialen Arbeitszusammenhängen betrieben wird, ist aber ein Tribut an die Gewohnheiten der Zielgruppe.

Ziele sind vorgedachte erwünschte Endzustände, beschrieben durch einigermaßen klar abgrenzbare Dimensionen (Zielgrößen) und deren angestrebter Ausprägung (Zielvorschrift), die nach einem bestimmten Zeitraum (Zieldauer) erreicht sein sollte. Ganz so klar und eindeutig, wie das dem betriebswirtschaftlich geschulten Manager vertraut ist, läßt sich allerdings die Zielformulierung bei personenbedingten Arbeitsthemen nicht herstellen. Anders als im Sport, wo Zielgröße und Meßverfahren meist sehr genau operationalisiert werden können, geht es bei den Arbeits- oder Verhaltensschwierigkeiten der Führungskraft eben oft um ausgesprochen „weiche", lebendige Dimensionen, die sich der technischen Meßbarkeit entziehen. Der Berater hat hier zum erstenmal seine Aufgabe, als konzeptioneller Übersetzer und Moderator diesen Widerspruch aushaltbar zu machen, ohne ihn wegzuwischen. Er muß und wird dem Klienten aus der Managementwelt auch die Schwierigkeit vermitteln, Zielformulierungen für personenbezogene Prozesse zu erarbeiten. Er wird ihm aber nicht das gewohnte „Denken in Zielen" einfach verbieten oder wegnehmen.

An dieser Stelle bekommt Sprache einen hohen Stellenwert: Der Klient und der Berater haben letztlich nur Sprache zur Verfügung, wenn sie gemeinsam herauszufinden versuchen, wozu die Beratung denn dienen soll. Eine beliebte Sprachform des Managements ist dabei die Vokabel „besser". Eine Situation soll „besser" werden, ein Kontakt zu einer dritten Person soll „besser" ablaufen, jemand möchte sich „besser" fühlen. Dieser Komparativ „besser" zeigt – strenggenommen – lediglich einen „höheren Wert" auf irgendeiner gedachten Skala an. In der überschaubaren Welt des Managements oder – noch enger – eines Unternehmens ist diese Skala durch Gewohnheit, Tradition und die Art der Aufgabe meistens klar beschrieben, auch wenn dies den Beteiligten nicht immer bewußt ist. So gilt z.B. häufig das Nichtauftauchen von Konflikten als „besser" gegenüber dem Sichtbarwerden derselben.

In einer Beratung muß hingegen erst noch herausgefunden werden, welche Qualitäten mit dieser Skala eigentlich im Blick sind. Ist ein „besserer" Kontakt wirklich der, der mit weniger Konflikten abläuft? Oder wäre es nicht vielleicht „besser", sich den Konflikten zuzuwenden? Ist ein „besseres" Gefühl eine Empfindung größerer Ruhe oder größerer Aufregung/Lebendigkeit? Ist eine Situation „besser", wenn sie klarer wird in all ihren unangenehmen Bestandteilen? Weitere Anstrengung des Begriffs ist also notwendig, um bei der Zielformulierung vorab zu beschreiben, wodurch denn der erwünschte Endzustand eigentlich gekennzeichnet ist. Eine einfache, aber oft hilfreiche Frage ist die in der systemischen Familientherapie oft benutzte Formulierung: „Woran merken Sie oder andere das?". Woran merkt jemand, daß er sich „besser" fühlt, daß er „weniger Schwierigkeiten mit anderen" hat, daß er „mehr Sinn in der Arbeit" sieht, daß er „leichter zurechtkommt"? Woran merken andere, daß ein Betroffener wieder „kreativer" ist, „klarer kommuniziert", „weniger streitsüchtig" ist, „intensivere Führungsarbeit leistet", „geduldiger geworden" ist, sich „besser entspannen" kann?

Die Arbeit an der Zielformulierung führt damit mitten in die Denkgewohnheiten des Klienten und macht ihm und dem Berater deutlich, wie unterschiedlich Realität konstruiert werden kann. Gleichzeitig werden auf diesem Wege sehr globale Zielvorstellungen wie „Wohlbefinden", „Schaffenskraft", „Effizienz", „Persönlichkeitsförderung", „Selbstverwirklichung", „Qualifikationsanpassung", „Motivation" für den jeweiligen Einzelfall aus ihrer scheinbar so selbstverständlichen Bedeutung herausgelöst und in handhabbaren Dimensionen überhaupt erst verstehbar. Die Zielformulierung dient dem Berater also als Teil des Kennenlernprozesses. Für ihn stellt sie eine bloße Sprachform dar, mit deren Hilfe er etwas darüber erfährt, welche Orientierungen für seinen Klienten offenbar eine Rolle spielen.

Eine andere Möglichkeit, mit der zwangsläufig gegebenen Unschärfe der Zielvorstellungen umzugehen, ist es, das Verschwinden von Symptomen zum Ziel zu erheben. Die Beratung dient dann dazu, psychische oder gar physische Symptome, die der Problemlage zugerechnet werden, möglichst rasch und effizient abzustellen. Solche Symptome auf der Personenebene sind entweder Verhaltensweisen oder psychische und physische Empfindungen wie z.B. schweigen, wo man eigentlich reden möchte, reden, wo man eigentlich schweigen möchte, Kommunikationsgewohnheiten, Verschieben von bestimmten Arbeiten, Erschöpfung, Kopfschmerzen, psychosomatische Beschwerden, Spannungsgefühle, Schlaflosigkeit, Ärger, Trauer, Depression, Ungeduld oder auch unterschiedliche Formen von Befürchtungen und Angst. Die unausgesprochene Hoffnung vieler Klienten richtet sich darauf, man könne durch irgendeine geeignete Problembearbeitung diese Symptome abstellen, ohne andere Dinge in seinem Leben ändern zu müssen. In der Psychotherapie wird davon gesprochen, daß der Klient gewöhnlich in eine Therapie kommt, um seine neurotischen Muster behalten zu können, allerdings ohne ihre als unangenehm empfundenen Begleiterscheinungen zukünftig ertragen zu müssen. In der Arbeit der Zielformulierung wird der Berater immer wieder darauf hinzuweisen haben, daß solche partiellen Veränderungen von genau lokalisierten Eigenschaften, Verhaltensweisen oder Gefühlslagen kaum möglich sein werden, ganz gleich, welche Methode auch gewählt wird.

Damit wird mit fortschreitender Klärungsarbeit hinsichtlich der Ziele das Feld der Erwartungen auch wieder offener. Die Erstmaligkeit der Situation wird deutlich: Berater und Klient machen sich auf, die Lebens- und Arbeitsarrangements des Klienten im vorab definierten Umfang zu untersuchen. Sie wissen, daß dabei jede Verhaltensweise, jede Empfindung, jedes Symptom irgendwie und auf unbekannte Weise mit allem anderen in Leben und Beruf der Führungskraft verbunden ist, auch mit

Phänomenen, die in diesem frühen Stadium der Arbeit noch gar nicht sichtbar geworden sind. Der berühmte folkloristische Satz, daß „der Weg das Ziel ist", gewinnt in solchen Situationen neue Bedeutung.

Einfacher liegen die Dinge wieder bei Beratungsverläufen, die weniger auf die Bearbeitung fortgeschrittener Störungen als auf klar abgrenzbare Lernwünsche im Verhaltensbereich gerichtet sind. Wenn es um Fertigkeiten und konkrete Handlungsweisen geht, die in der Einzelberatung auszuprobieren und einzuüben sind, dann ist die Zielformulierung bei weitem weniger komplex. Beratung wird zum Einzelunterricht. Hier können auch die kommunikativen Verfahrensweisen zur Zielbestimmung eingesetzt werden, die aus der führungsorientierten Vereinbarung von Leistungszielen den meisten Führungskräften aus dem Tagesgeschäft ohnehin geläufig sind. Wenn es um die Bewältigung organisatorischer Veränderungen geht, um konkrete Verhaltensweisen in Teams, um die Bewältigung neuer Leistungsaufgaben und Arbeitsbereiche, dann dürfte die Zielformulierung nicht einmal sehr viel Zeit beanspruchen.

Insgesamt zeigt sich, daß die Zielformulierung in dem Maße eine methodisch unproblematische Phase darstellt, wie der Beratungsanlaß selbst nach Thema und Situation im vertrauten Rahmen der Führungskraft angesiedelt bleibt. Geht es dagegen um sehr personenbezogene Problematiken, so ist die Aktivität der Zielformulierung aus Sicht des Beraters ein konzeptionelles Zugeständnis, das er einstweilen an die Denkgewohnheiten seines Klienten macht. Er tut dies deshalb, weil er auf diesem Wege bereits mit dem Klienten erforschen kann, worum es diesem im Leben, in der Arbeit und im Umgang mit anderen geht. Der Klient offenbart auch bei dieser Formulierungsarbeit bereits sehr viel von seiner Weltsicht und hilft so dem Berater dabei, besser zu verstehen, wie er, der Klient, gelernt hat, sich seine Realität zu konstruieren. Das grundsätzliche Dilemma bleibt jedoch bestehen: Die auf Zielerreichung gerichtete Orientierung des Managers verträgt sich zunächst kaum mit der prozeßhaften Orientierung von Beratung.

7.4.2 Wer setzt die Ziele?

Cui bono? (Wem nützt es?)
(Cicero)

Über die Frage, wessen Ziele in der Beratung eigentlich verfolgt werden, gibt es nach wie vor ein sehr weitgefächertes Meinungsspektrum unter Beratern, unter Managern im Personalwesen und in der interessierten Öffentlichkeit.

Es gibt immer noch Vertreter der Position, daß diese Frage überhaupt nicht zu stellen sei, weil Beratung ganz klar eine Personalentwicklungsfunktion ist, im Dienste der Ziele des Unternehmens steht und deswegen den Vorgaben des Unternehmens verpflichtet bleiben muß. In dieser vereinfachten Sicht wird der Berater als „Hilfsperson des Unternehmens" gesehen, der wie ein Handlungsgehilfe nach Weisung an dem „Aggregat Mensch" etwas Bestimmtes kunstvoll vollzieht, so daß im Ergebnis dann die Leistungsfähigkeit oder/und Leistungsbereitschaft des Betroffenen zum Nutzen des auftraggebenden Unternehmens gesteigert oder wiederhergestellt wird.

Auf der anderen Seite stehen die Vertreter der Meinung, daß die inhaltlichen Ziele von Beratung selbstverständlich einzig und allein vom Klienten aus dessen personaler Autonomie heraus zu bestimmen seien, unabhängig davon, in welchem Kontext und unter welchen Auftragsbedingungen die Situation „unter vier Augen" zustande kam. Der Klient wird damit in jedem Fall zum eigentlichen Auftraggeber, weil es schließlich um seine Person, sein Leben, seine Denkgewohnheiten, seine Gefühle, seine Absichten und seine Verhaltensweisen geht.

Ein genauerer Blick jenseits solcher ideologisch verfestigten Positionen zeigt, daß Berater, Klient und Unternehmen in einer Dreiecksbeziehung wechselseitiger Einflüsse und Abhängigkeiten stehen. Der Klient ist natürlich kein „Objekt", an dem etwas vollzogen werden könnte, sondern eine autonome Person mit dem Recht auf Selbstbestimmung. Er weiß allerdings, daß er während der Beratung an der Art und Weise arbeiten wird, wie er seine berufliche Rolle zum Nutzen oder Schaden des Unternehmens gestalten kann. Er weiß auch, daß das Unternehmen ein vitales Interesse an der Art und Weise hat, wie er als Manager seine Rolle wahrnimmt.

Das Unternehmen – vertreten z.B. durch den Personalentwickler – weiß natürlich auch, daß Menschen keine mechanischen Aggregate sind, die man mit Hilfe kunstfertiger „Psychotechniken" zurichten kann (obwohl es immer wieder Versuche gibt). Auch das Unternehmen ist letztlich davon abhängig, daß der Manager aus freien Stücken bereit ist, seine Berufsrolle auf diese oder jene Weise zu gestalten, zu verändern, auszuweiten oder sich ihr nur anzupassen. Diese Einsicht setzt sich mit fortschreitender Selbstverkomplizierung der Wertschöpfungsprozesse in Unternehmen mehr und mehr durch.

Der Berater wiederum weiß um diese wechselseitige Abhängigkeit und bringt zusätzlich seine eigenen methodischen Vorstellungen ins Spiel. Mit bestimmten Problemlagen und Themen, mit bestimmten Personen und mit bestimmten Unternehmen wird er schlichtweg nicht arbeiten, wenn ihm deren Zielvorstellungen als unannehmbar erscheinen oder eine tragfähige Zielbestimmung in diesem Kräftefeld nicht herstellbar ist.

Das Zielkriterium der Beratung entsteht damit nicht allein aus der Machtfrage nach der zielbestimmenden Instanz, sondern auch und gerade aus der Prozeßfrage nach der Transparenz und Sorgfalt, mit der dieser Vorgang der Zielformulierung im Spiel wechselseitiger Abhängigkeiten zwischen den drei Polen (Berater - Klient - Unternehmen) reflektiert und verhandelt wird. Damit die dabei am Ende entstehende Zielformulierung von allen Beteiligten in ihren jeweiligen Umwelten inhaltlich vertreten werden kann, ist Transparenz des Formulierungsprozesses allerdings unabdingbar. Der modische und dienstleistungsorientierte „Coach", der sich als bloßer „Söldner der Personalabteilung" versteht, wird zu Recht mit der Kritik seiner Kollegen ebenso zu rechnen haben wie das Unternehmen, das sich mit Hilfe williger „Psychotechniker" einen Zugriff auf das Innenleben seiner Führungskräfte anmaßt. Im umgekehrten Fall wird der Klient sich ggf. die Frage gefallen lassen müssen, wie er es denn vertreten kann, sich eine Beratung vom Unternehmen bezahlen zu lassen, die einzig und allein seinen persönlichen Wünschen nach Klärung von Lebenssituationen oder nach „Wachstum" dient.

Jede Beratung folgt dem Ideal des „herrschaftsfreien Diskurses". Wenn sie überhaupt unter dem Segel einer personalwirtschaftlichen Maßnahme betrieben wird, muß diese Herrschaftsfreiheit durch einen allseitig gestalteten Prozeß erst noch hergestellt werden, indem die Beteiligten als autonome Partner die Frage miteinander aushandeln, wessen Interessen im Spiel sind und wie sie aussehen.

7.5 Die Klärung der Ausgangssituation

Nachdem sich Berater und Klient in ausreichendem und angemessenem Maße Klarheit darüber verschafft haben, was vom Klienten eigentlich angestrebt wird und welche Rolle die Interessen des Unternehmens dabei spielen, muß der Berater die derzeitige persönliche und berufliche Situation des Klienten zunächst verstehen lernen. Dazu wird er den Klienten einladen, miteinander in Verbindung bringen, oft hilft auch die Bitte, tatsächlich ein Bild von der Situation anzufertigen. Alle Formen von analoger Kommunikation (Bilder, Metaphern, Geschichten) sind vielen Führungskräften immer noch fremd, oft aber ausgesprochen informativ, wenn sie einmal aufgegriffen werden.

Die Klärung der Ausgangssituation ist einstweilen beendet, wenn der Klient das Gefühl hat, fürs erste alles gesagt zu haben, und der Berater den Eindruck hat, ein erstes grobes Bild von der Wirklichkeit seines Klienten aufgebaut zu haben. Aus der Art und Weise, wie der Klient seine Geschichte erzählt hat, konnte der Berater darüber hinaus bereits einen Eindruck gewinnen, welche Dimensionen des Erlebens für den Klienten leichter und welche schwerer zugänglich sind.

7.6 Die Arbeitsformen im weiteren Verlauf der Beratung

7.6.1 Entlastung schaffen

Ich bin verwirrt, also muß ich hier richtig sein.
(Klientenäußerung)

Nicht selten beginnt ein Klient die Beratung in einem Zustand hoher emotionaler Betroffenheit. Dieser rührt manchmal aus einer vorausgegangenen krisenhaften Zuspitzung der sich schleichend verschärfenden Problemsituation her, manchmal aus dem Anlaß der Beratung selbst. Bei unternehmensbedingten Ereignissen (Umstrukturierung, Personalabbau, Verschmelzung, Unternehmensverkauf) oder plötzlich auftretenden Anforderungen an die Führungskraft (Kündigung, Versetzung, Nichtbeförderung, Zuweisung neuer Aufgaben) entstehen emotionale Aufladungen von Unsicherheit, Ärger, manchmal auch Verzweiflung und Angst. Ähnlich verdichtete Gefühlslagen gleich welcher Qualität können auch durch die vorausgegangene Problembeschreibung hervorgerufen werden. In der Phase der Suche nach einem passenden Berater und in der Phase des Wartens auf den ersten Termin hat sich Aufregung entwickelt, genährt aus Erwartungen, Befürchtungen und Phantasien. Es ist dann Aufgabe des Beraters, dafür zu sorgen, daß der Klient zunächst diese Betroffenheit und auch seine Emotionen sanktionsfrei äußern kann. In Fällen von Outplacements ist dieses „Cooling-down" z.B. eine nahezu immer nötige Arbeitsform, bevor überhaupt weitere Beratungsaktivitäten angegangen werden können. Dieser Schritt zur „Entäußerung" ist für den Klienten oft nicht einfach. Gefühle intensiven Ausmaßes zu empfinden ist schon fremdartig genug für jemanden, der in einer Arbeitswelt stets geforderter Sachlichkeit zu Hause ist. Noch ungewohnter ist es, Gefühle auch noch zu äußern, weil der Klient die damit verbundenen Verhaltensweisen schlicht vergessen hat. Verlegenheit ist eine praktisch immer anzutreffende Begleiterscheinung dieses Arbeitsschrittes. Der Berater kann hier sehr viel Unterstützung bieten und den Klienten auch einfach instruieren, wie er sich in bestimmten Gefühlszuständen überhaupt noch verhalten kann. Zeit und Ermutigung helfen dem Klienten dabei zu merken, daß er sich wirklich ohne jede Sanktionsgefahr tastend und suchend mit seinem Zustand vertraut machen, ihn beschreiben und die dabei auftretenden Emotionen auch äußern kann.

Natürlich ist dieser Arbeitsschritt nicht in jeder Beratung nötig. Wenn es um Vorhaben geht, die den Klienten vorwiegend auf der Verhaltensebene oder gar nur intellektuell fordern, ist mit der Situation keine außergewöhnliche Belastung verbunden. Emotionen intensiver Art sind dann kaum im Spiel. Höchstens eine gewisse Unsicherheit über die ungewohnt vertraute Vier-Augen-Situation ohne die gängigen und vertrauten Rituale des

Manageralltags mag aufkommen. Sie wird aber nach kurzer Zeit als normal und erlaubt verstanden und macht bald einer intensiven Arbeitshaltung Platz.

7.6.2 Aufräumen

Je verlorener ich mich fühle, desto klarer wird es.
(Klientenäußerung)

Diese Phase der Beratung kann durchaus einen langen Zeitraum umfassen. Insbesondere in Fällen langanhaltender unbearbeiteter Schwierigkeiten und fehlgeschlagener eigener „Lösungs"-Versuche der Vergangenheit, die ihrerseits zu einem Teil des Problems geworden sind, beginnt der Klient die Beratung in einem Zustand erheblichen inneren Durcheinanders. Sowohl was seine Person als auch was seine Lebensverhältnisse und Beziehungen zu anderen betrifft, besteht eine außergewöhnliche Fülle an Unklarheit mit anderen Personen und bezüglich vieler Fragen. Es gibt aus der Vergangenheit des Klienten viele verdorbene Beziehungen, kommunikative Mißverständnisse, unbearbeitete Konflikte aus manchmal Jahren, Irrtümer, ideologische Schlußfolgerungen, Konflikteskalationen. Zusammen mit unbearbeiteten uralten Verletzungen, nie ausgedrücktem Ärger und mancher anderen „Störung" bilden sie gleichsam ein zunächst unentwirrbares Dickicht aus Erlebnissen, Maßnahmen, Interpretationen, Gefühlen, Meinungen, Erkenntnissen, Fehlschlüssen und Verhaltensmustern.

Gleichzeitig stellt diese geschichtlich gewordene individuelle und biographische Realität, so belastend sie im Einzelfall auch sein mag, die derzeitig praktizierte und offensichtlich immer noch praktikable Lebens- und Arbeitswirklichkeit des Betroffenen dar. Immer noch kommt er irgendwie zurecht, immer noch ist es ihm gelungen, seine Rolle als Führungskraft in den wesentlichen Teilen aufrechtzuerhalten. Immer noch lebt er beruflich wie privat in einer Umgebung, die ihn täglich nicht nur aushält, sondern ihn oft auch in seinem „So-sein" – wenn auch unwissentlich – unterstützt. Und immer noch war alles, was der Klient unternahm und was ihn in diese Situation gebracht hat, seine bestmögliche Variante des Vorgehens und seine eigene, persönliche und kreative Erfindung. In dieser Situation kommt es für den Berater darauf an, äußerst behutsam vorzugehen und dieses komplexe Gebäude aus Belastung, Bewältigung, Scheitern und Zurechtkommen nicht zu schnell in Frage zu stellen.

Der Abteilungsleiter der Arbeitsvorbereitung, der schon seit Jahren mit seinem Kollegen aus der Produktion nur noch per Hauspost und nur noch über Dritte kommuniziert: Er hat sich daran gewöhnt, hat unendlich viele Spielarten dieser Art der Kommunikation entwickelt und kann sie handhaben: Immer noch leistet er genug, um in seiner Beziehungsposition verbleiben zu können. Jetzt aber sollen beide in einem Prozeß des „Total Reengineering" die Produktion neu strukturieren ...

Intensives und rasches Eingreifen durch den Berater, vorschnelle Ratschläge werden dieser komplexen, wenn auch anstrengenden Realität des Klienten nicht gerecht. Das Aufräumen geschieht durch den Klienten selbst: Er bestimmt das Tempo und die Schrittfolge.

Der alternde Entwicklungsleiter aus dem Labor entscheidet selbst, ob er sich zunächst mit seinen erlittenen Verletzungen aus fünf Jahren Intrige und Demütigung beschäftigt oder zunächst die Konfliktklärung mit Vorgesetzten und Kollegen sucht. Er muß wissen und wird es herausfinden, ob es wichtiger ist, sich klare Entwicklungsvorgaben zu besorgen oder seine Führungsprobleme in der Abteilung anzugehen. All diese Vorhaben und Arbeitsschritte aber bilden für längere Zeit das Thema „seiner" Beratung.

Die anstrengende Arbeit des „Aufräumens" bezieht sich auf alle mit dem Anlaß und Thema der Beratung zusammenhängenden Dimensionen der Klientenrealität:

Kontakte und Beziehungen im Beruf
Nicht erledigte Gespräche – Unterlassene Verabschiedungen – Ungeklärte Zielvereinbarungen – Nicht abgestatteter Dank – Hängengebliebene Verabredungen ...

Unerledigte Aufgaben
Nicht abgeschlossene Vorgänge auf dem Schreibtisch – Nicht durchgeführte Ablage – Unbeantwortete Korrespondenz – Nicht geöffnete Post …

Ungeklärte Pläne
Liegengebliebene Ideen – Unerfüllte Wünsche – Halb begonnene private Vorhaben – Begonnene und nicht weitergeführte Hobbies – Geplante und nicht durchgeführte Reisen …

Meinungen und Überzeugungen
Hängengebliebene Ideologien – Unausgewertete Erfahrungen – Nicht durchdachte Vorurteile …

Emotionen
„Weggesteckte" Verletzungen und Kränkungen – Unausgedrückter Ärger – Verdrängte Sorgen – Nicht gelebte Trauer – Nicht empfundene Freude – Nicht zugelassener Stolz – Moralisch verpönte und ungespürte Arroganz …

Sachen
Halb begonnene Renovierungen – Nicht besorgte Gegenstände – Unreparierte Werkzeuge …

Nach und nach wird der Klient sich jedes dieser Themen, jede unabgeschlossene Situation vornehmen und sie zu einem Ende bringen: Entscheidungen sind zu treffen, Gespräche zu führen, Maßnahmen zu ergreifen. Mit jedem Einzelelement, das abgeschlossen werden kann, steigt die verfügbare Energie für die weitere Arbeit während der Beratung. Manche dieser zu erledigenden Themen, Kontakte und Aktivitäten nehmen sehr viel Zeit in Anspruch. Der Klient hat sie nicht ohne Grund so lange vor sich hergeschoben und vermieden. Ängste waren und sind im Spiel, mangelndes Know-how, viele Katastrophenphantasien über die Konsequenzen dieses oder jenes Arbeitsschrittes. Die Phase des Aufräumens ist voller Überraschungen: Personen reagieren völlig anders als erwartet. Manches Unerledigte hat sich inzwischen von selbst geklärt. Andere Fragen sind komplexer als vermutet, werfen neue Fragen auf, neue Hindernisse. Oft muß die Reihenfolge des Aufräumens geändert werden: Dinge und Beziehungen werden wichtiger oder unwichtiger, kalte Konflikte werden heiß, wollen geklärt werden, dulden keinen Aufschub. Durch die ersten Aufräumarbeiten verändert sich die Sichtweise der Umwelt. Die Personen im Beziehungsgefüge des Klienten sind irritiert, erfreut, verwundert, verärgert und reagieren entsprechend. Die Kommunikation mit den Personen im beruflichen und privaten Umfeld verändert sich. Manche neue Erfahrung wird nicht sofort verstanden, will besprochen werden. Über Monate gibt es eine wechselnde Folge von Frustrationen und Erleichterungen, mal geht die Entwicklung rasch, mal scheint alles festzusitzen. Aufräumen kann ein einziges großes Abenteuer voller angenehmer und unangenehmer Erfahrungen sein.

Der Berater hat während dieser Phase vor allem die Aufgabe, präsent zu sein, beim Sortieren zu unterstützen, neue Erfahrungen der Auswertung zuzuführen und einzelne Aufräumaktivitäten vorbereiten zu helfen: In der Phantasie, jener analogen Form der Planung, kann man manches durchspielen. Gelegentlich bietet der Berater sich selbst als Sparringspartner für kommunikatives Probehandeln an. Im wesentlichen aber ist der Aufräumprozeß ein „Selbstläufer", der kein Antreiben oder Beschleunigen verträgt.

7.6.3 Feedback

Verwirren Sie mich nicht durch Tatsachen,
meine Meinung steht!
(Seminarfolklore aus dem Kommunikationstraining)

Feedback – jener aus der technischen Kybernetik abgeleitete Begriff, mit dem wir in der Kommunikationstheorie authentische Rückmeldungen zur Person und zum Verhalten benennen

– ist im Management Mangelware, wenn man sich auf die Umfragen und Meinungsäußerungen verlassen darf. Je höher die hierarchische Position, desto geringer die Chance, über sein eigenes Verhalten und dessen Wirkungen, über das bei anderen bestehende Bild der eigenen Person offene und substantielle Rückmeldung zu erhalten. Es wurde geradezu als eine der Ursachen für das Auftauchen des „Coaching"-Konzeptes gesehen, daß dieser Feedback-Armut an der Spitze der Hierarchie etwas entgegengesetzt werden müsse, um gerade den oberen Führungskräften den Blick in den „sozialen Spiegel" wieder zu ermöglichen.

In Beratungen wird immer wieder deutlich, daß und warum dieser Feedback-Hunger bei Managern besteht. Und es wurde auch immer wieder bestätigt, daß die Güte der Managemententscheidungen direkt mit dem Ausmaß an realistischem Feedback zusammenhängt. Im Regelkreis-Modell der Kybernetik ist offenkundig, daß Regelungsleistungen ohne Rückkopplung nicht möglich sind. Wer über die Auswirkungen seiner Entscheidungen im Unklaren gelassen wird, kann sein Entscheidungsverhalten nur noch nach Vermutungen ausrichten, die – im Führungsbereich besonders – mit der sozialen Realität manchmal nichts mehr zu tun haben. Es ist erstaunlich, welche z.T. bizarren Ersatzkriterien sich Führungskräfte für ihre personenbezogenen Entscheidungen und ihre Verhaltensweisen zurechtlegen. Völlig selbstverfertigte Menschenbilder mit stark ideologischer Einfärbung bilden nicht selten die Grundlage von Personalentscheidungen. Die Wahrnehmung des Verhaltens anderer wird nicht nur einer heftigen Selektion unterworfen, sie wird auch so umgedeutet, daß sie in jenes Menschenmodell paßt, das in vielen rückmeldearmen Jahren „hausgemacht" entstanden ist.

Der Berater, der auf einen Klienten mit langem Feedback-Entzug trifft, wird auch hier darauf zu achten haben, sein Gegenüber nicht zu schnell mit zu vielen, zu massiven Verhaltensrückmeldungen zu überfordern und damit nichts anderes als den intensivierten Widerstand hervorzurufen. Schlimmstenfalls gerät der bis dahin noch als neutral erlebte Berater ebenfalls in das kognitive und emotionale Mahlwerk seines Klienten und kann dann das einmal bei jenem entstandene Bild gar nicht mehr auflösen, so daß die Beratung beendet werden muß, bevor sie begonnen hat.

Auch für Rückmeldeprozesse gilt das Gebot der „Anschlußfähigkeit": Die Rückmeldungen des Beraters müssen gerade noch kompatibel sein mit den existenten Vorannahmen des Klienten, sonst ist der Informationsgehalt der Rückmeldung hinfällig. Oder – wie man in Beraterkreisen zu sagen pflegt – Beratung ist immer eine Mischung aus bekanntem und unbekanntem Material. Gelingt diese Form der behutsamen Kommunikation, so füllt sich das Denken des Klienten langsam wieder mit relevanten Umweltinformationen, vor allem bezüglich der Auswirkungen seines eigenen Verhaltens und der Antwortreaktionen seiner Umgebung. Andere Interpretationen des realen Geschehens werden wieder möglich, der „Apparat" der Wahrnehmung und Urteilsbildung verändert sich und läßt wieder mehr informationellen „Input" – sogar von der irritierenden Sorte – zu.

Als der Geschäftsführer von seinem Berater erfuhr, daß er oft ein ausgesprochen grimmiges Gesicht mache, auch wenn er von erfreulichen Dingen erzählte, beschloß er spontan, die Personen in seiner Arbeitsumgebung nach ihrer Wahrnehmung zu befragen. Sie sagten ihm – mit erheblicher Aufregung – das gleiche. Im weiteren Verlauf der Arbeit entdeckte er nach und nach, wie sehr er verlernt hatte, sich an seinen geschäftlichen Erfolgen zu freuen. Dies wäre ihm – dank einer ausgesprochen asketischen Erziehung – als Hochmut erschienen. Mitarbeiter, die sich über einen Auftrag, ein gelungenes Projekt freuten, pflegte er als „oberflächlich" und „kindisch" zu kennzeichnen. Seine Mitarbeiter hatten sich angewöhnt, sich ohne ihn zu freuen und in seiner Gegenwart die Situation des Unternehmens nur in ihren jeweils problematischen Seiten zu kommentieren und zu besprechen. Sein Bild vom Unternehmen war in weiten Teilen völlig unrealistisch geworden.

Der Berater kann also – indem er dem Klienten Rückmeldungen über dessen Verhalten verschafft, für eine begrenzte Zeit tatsächlich zum „Agenten der Realität" werden. Gefährlich allerdings wird es, wenn der Klient anfängt, seinen Berater in dieser Funktion auf Dauer einzusetzen, sich an ihn und sein Urteil zu gewöhnen. Neue Abhängigkeit kann entstehen, der Berater wird zum „Haus- und Hofexperten", zu einer Art modernem Guru, der immer vor Entscheidungen befragt wird, dessen Kommentar als einziger glaubwürdig erscheint. Ziel der Rückmeldearbeit des Beraters muß es also sein, eben die Aufnahmefähigkeit seines Klienten für relevante Umweltsignale wieder aufbauen zu helfen. Nur dann wird der Klient nach und nach entdecken, daß auch seine Welt voll von Informationsquellen für Rückmeldung steckt, die er sich lediglich einzuholen braucht. Auch für die Rückmeldearbeit gilt das alte Beratergebot, sich selbst in seiner Funktion überflüssig zu machen.

Rückmeldearbeit ist allerdings erst möglich, wenn der Berater als Informationsquelle für den Klienten glaubwürdig geworden ist. Nur dann sind die emotionalen und kognitiven Dissonanzen überhaupt aushaltbar, die für den Klienten mit der Entgegennahme ungewohnter Rückmeldeinformationen entstehen. Entscheidend ist also, ob zwischen beiden bereits eine Beziehung von einiger Tragfähigkeit entstanden ist. Damit wird die Rückmeldearbeit in der Beratung auch eine Frage des Zeitpunktes. Wenn der Berater ganz sicher gehen will, beginnt er mit der Rückmeldearbeit erst, wenn der Klient wirklich und glaubwürdig danach verlangt. Im Sinne der Anschlußfähigkeit kann es dabei durchaus hilfreich sein, als Quelle der Rückmeldeinformation noch nicht die eigene Person einzusetzen, sondern Instrumentarien, denen der Klient zunächst mehr Glaubwürdigkeit zuschreibt. Dabei kann es sich um psychologische Instrumente (Tests, Fragebögen) handeln, in Extremfällen auch um jedes andere Konstrukt, das der Klient als Informationsquelle aus seiner Weltsicht für sinnvoll und glaubwürdig hält. Auch eine Videokamera ist in diesem Sinn ein Rückmeldeinstrument, allerdings ein sehr massives.

Rückmeldungen enthalten – so will es der Brauch der Sozialtechnologen – stets einen Wahrnehmungsteil und einen Selbstoffenbarungsteil. Die Rückmeldung wird also immer an eine (überprüfbare) Wahrnehmung gekoppelt und mit einer Aussage darüber verbunden, was das wahrgenommene Verhalten beim Gegenüber – also beim Berater – ausgelöst hat. Solcher personenbezogene Informationsaustausch schafft gewöhnlich sehr rasch eine erhebliche Nähe und Intimität. Der Berater wird darauf achten müssen, ob diese nun wieder für den Klienten mit Unbehagen oder anderen schwierig zu verarbeitenden Reaktionen verbunden ist.

7.6.4 Instruktion und Training

Ihr Mächtigen der Erde! Schaut und lernt!
(A. v. Chamisso)

Es gibt Varianten des „Coachings", die das Instruieren und Trainieren als die eigentliche Tätigkeit eines „Coaches" ansehen. Damit wird aus der Beratung eine letztlich rein pädagogische Veranstaltung, vergleichbar etwa dem Geschäft des Hauslehrers früherer Tage, der den damals Reichen und Mächtigen die für das Leben und die Geschäfte nötigen Fertigkeiten beibrachte.

Offen bleiben muß allerdings die Frage, inwieweit der Klient denn jeweils schon bereit und in der Lage ist, sich solchen Lernanstrengungen zu unterziehen. Auf Befragen halten praktisch alle Führungskräfte sich selbst für außergewöhnlich lernfähig. Ihr Verständnis von „Lernen" ist allerdings oft eingeschränkt auf die Vorstellung, daß Lernen etwas mit der Aufnahme von Sach- und Fachinformationen zu tun habe. Lernen aber ist –

folgt man der gängigen Definition der Pädagogik – wohl am griffigsten mit „Verhaltensänderung" beschrieben, umfaßt also neben dem intellektuellen auch einen verhaltensorientierten Teil. Da Verhalten ohne emotionale Grundlage und ohne entsprechende Grundüberzeugungen (Einstellungen) kaum generiert werden kann, schließt Lernen im ganzheitlichen Verständnis also Wissen, Verhalten, Einstellungen und Emotionen ein. Ein so konzipierter Lernbegriff erfordert nun in der Tat andere, erweiterte Voraussetzungen für Lernprozesse, insbesondere von Erwachsenen und – noch einmal besonders – von Erwachsenen, deren Berufsrolle den Umgang mit Macht beinhaltet.

Lernen geschieht immer an Grenzen: Nur wenn wir eine Grenze unserer (Handlungs-)Möglichkeiten erfahren, kommt Lernen in Betracht. Lernen bringt uns vorübergehend in einen Zustand der Unsicherheit, es konfrontiert uns mit einer Situation des „Noch-Nicht-Könnens", der bewußten Inkompetenz. Diese Situation ist der üblichen Situation eines Mächtigen genau entgegengesetzt: Der Mächtige kann und darf immer alles schon „machen", er braucht nicht mehr zu lernen. Macht und Lernen sind antagonistische Begriffe auf den Extrempunkten einer polaren Achse.

Dies wird evident, wenn man sich das Lernverhalten von Mächtigen in der Gesellschaft vor Augen führt: Sie lernen entweder „heimlich", z.B. indem sie auf Seminare ins Ausland fahren oder Veranstaltungen besuchen, die zwar als „Kongresse" ausgewiesen, eigentlich aber große Seminare sind. Oder sie suchen sich den privaten Instruktor oder Lehrer, der in diskreter Form Lernprozesse so zu organisieren weiß, daß der Mächtige das mit dem Lernen verbundene Gefühl der Unsicherheit möglichst nicht zu spüren braucht. Oder sie lernen gar nicht: Dann kommt es darauf an, ob ihr Entscheidungshandeln auf ein Gebiet begrenzt ist, das sie beherrschen. Ist das nicht mehr der Fall, weil die Welt sich verändert hat, so wird die Entscheidungsgüte mehr und mehr nur noch vom Zufall abhängen. Es ist dann ein ständig wachsender Einsatz von Machtinstrumenten nötig, um die ständig schlechter werdenden Entscheidungen auch durchzusetzen. So entstehen destruktive Prozesse, die in einem Unternehmen einen Bodensatz frei flottierender Angst erzeugen können.

Der Klient in der Beratung mag zu jenen Führungskräften gehören, die sich ihre Lernfähigkeit und Lernbereitschaft bewahrt haben: Er formuliert sein Lerninteresse, wird unterrichtet und trainiert, und die Veranstaltung ist rasch beendet. Schlimmstenfalls war der „Coach" ein konspirativ Beteiligter an einem Prozeß diskreten, heimlichen Lernens und hat damit eine Chance der Beratungssituation vertan: Den Mächtigen wieder in Kontakt zu bringen mit der Notwendigkeit, sich immer neu dem Lernen einschließlich der Unsicherheitsgefühle auszusetzen und diesen Zustand auch unter den Augen der relevanten Umwelt zu durchleben. Es gehört heute zur Vorbildfunktion von Vorgesetzten, Lernprozesse selbst zu durchleben, ein Vorbild an Selbstveränderung zu sein. Dies vor allem in einer Zeit, in der allerorts die Idee vom „Lebenslangen Lernen" oder gar vom „Organisationslernen" propagiert wird.

Bei näherem Hinsehen ist es mit dieser Lernfähigkeit von Managern jedoch nicht immer so sehr gut bestellt. Lernen ist dazu da, den Status quo und seine Herrschaft der Stabilität zu gefährden. Die Vorstellung muß demjenigen suspekt bleiben, der schon etwas erreicht hat, dem also jede Gefährdung auch eine Gefährdung des Erreichten darstellt. In diesem umfassenden Sinn ist unser Manager in der Beratung also nicht notwendigerweise sofort lernbereit. Er möchte gern – und das ist sein gutes Recht als Führungskraft – unirritiert davonkommen und möchte schon können: Man vollziehe an ihm, so die versteckte Botschaft, die nötigen Verrichtungen, so daß er hinfort auch die Fähigkeit X in ausreichendem Maße besitze, und dann möchte er wieder „machen". Es bedarf manchmal einiger Vorarbeit, bevor der Klient versteht, daß jedes, auch noch so unbedeutendes Lernen von „sozio-technischen" Fähigkeiten („Wie führt man ein Konfliktgespräch?" – „Wie setzt man sich mit politisch Andersdenkenden auseinander und gewinnt?" – „Wie kann man Menschen völlig durchschauen lernen?") einen Eingriff in sein Gesamtarrangement von Denken, Fühlen, Wollen, Überzeugungen, Normen und Wünschen darstellt. Erst wenn der Betroffene dies akzeptiert hat, kann sein Lernprozeß beginnen.

Der Berater als Pädagoge verhält sich dann nach den – ihm hoffentlich geläufigen – Kunstfertigkeiten der Erziehungslehre, insbesondere der Erwachsenenbildung: Er knüpft an bestehende Erfahrungen an, zeigt, läßt üben, korrigiert, gibt lernbezogene Rückmeldung. Er entwirft Übungsreihen mit steigendem Schwierigkeitsgrad oder zunehmender Komplexität. Jeder gute Skilehrer oder Musiklehrer ist in diesem Sinne bereits ein „Coach", er wird nur nicht so genannt. Ob es dabei inhaltlich nun um kommunikative Fertigkeiten geht, um Methoden der Planung, um Entscheidungsfindung, um die Gestaltung von Besprechungen oder um was auch immer: Das hängt nur davon ab, ob der Berater (auch) eine fachlich-methodische Kompetenz für das geäußerte Lerninteresse seines Klienten besitzt. Hier besteht allerdings die Gefahr, daß mancher Berater sich für vieles oder alles als kompetent begreift, was der Manageralltag an offenen Fragen und möglichen Lernbedürfnissen aufzuweisen hat. Dies um so eher, wenn er selbst einmal Manager war oder gleichzeitig noch ist. Unter dem Stichwort „Aus der Praxis für die Praxis" können dann kurzgegriffene vorschreibende Verhaltensempfehlungen auftauchen, die dem Klienten wegen seiner völlig anders gearteten Praxisbedingungen überhaupt nicht nützlich sind, die ihm aber gleichwohl die Illusion verschaffen, eine Fertigkeit schnell und effizient erwerben zu können.

Die Alternative zu solchen beraterischen und pädagogischen Allmachtsphantasien besteht darin, daß der Berater die Grenzen seiner fachlichen Zuständigkeit erkennt, benennt und sich dann als „Überweiser" betätigt. Zur seiner Qualifikation gehört es unabdingbar, daß er sich in der weiten Landschaft der Lernmöglichkeiten auskennt und seinem Klienten aktuelle Hinweise geben kann, wo dieses oder jenes Lerninteresse solide zu befriedigen ist.

7.7 Der Kern des Beraterverhaltens: Interventionen

7.7.1 Über Interventionsstile

Alles, was ein Berater tut, ist eine „Intervention", also ein „Dazwischengehen". Damit kommt zum Ausdruck, daß im Vordergrund immer der Klient steht: Seine Gedanken und Gefühle, seine Äußerungen, seine Meinungen sind der Gegenstand aller beraterischen Arbeit. Der Berater ist dann zwangsläufig jemand, der den kontinuierlichen Erlebensprozeß seines Klienten immer wieder „unterbricht". Wann er dies tut, mit welchen Worten, ob er die Aufmerksamkeit auf dieses oder jenes lenkt, ist eine Frage seiner Wahrnehmung, seiner methodischen Herangehensweise, seiner Tagesform, seines Menschenbildes, seiner professionellen Grundüberzeugungen und vieler anderer Einflußgrößen. Was dabei herauskommt, wird üblicherweise „Interventionsstil" genannt und entzieht sich einer differenzierten Beschreibung, es sei denn, man würde jeweils ein Transkript der gerade interessierenden Sitzung anfertigen.

Man hat allerdings versucht, Interventionsstile auf die methodische Ausbildung von Beratern zurückzuführen. Danach ließen sich Berater unterscheiden, die auf dem Ideengebäude der verschiedenen „Schulen" agieren: Es gibt systemisch vorgehende Berater, die sich an den Arbeitsformen der strukturellen Familientherapie orientieren. Es gibt psychologische Berater, die ihre Arbeit auf der Basis wissenschaftlich-psychologischer Konstrukte konzipieren, es gibt Berater, die „nach der Transaktionsanalyse" vorgehen, „gestalttherapeutisch" orientiert sind, mit dem „psychoanalytischen Modell" arbeiten. Es gibt „neurolinguistische Programmierer", „klientenzentrierte Rogerianer", „Gruppendynamiker", „Biodynamiker", „Verhaltensmodifizierer" und natürlich auch „erfahrene Praktiker". Und viele Berater arbeiten mit methodischen Mischformen, was dann unter dem Begriff „Eklektizismus" gehandelt wird. Dem interessierten Manager sind solche Bezeichnungen gewöhnlich Schall und Rauch, sie stammen aus einem völlig anderen Berufsfeld, das er normalerweise nicht zu durchdringen braucht. Ihm ist wichtig, an einen Menschen zu geraten, mit dem er die schwierige Arbeit des Klärens, Aufräumens und Lernens tun kann und der ihm dabei ein wirksamer und hilfreicher Begleiter ist. Der Klient wird ohnehin seine eigene Begrifflichkeit für die Verhaltensweise seines Beraters, also für dessen „Interventionsstil", finden. Diese Bezeichnungen sind für ihn viel aussagekräftiger und dienen ihm dazu, die Person seines Gegenübers für sich selbst und vielleicht auch für Dritte verstehbar zu machen. So wird dann aus einem „klientenzentriert" arbeitenden Berater in der Sprache des Klienten ein „sanfter Mensch mit großer Geduld und wenig ausgeprägten eigenen Überzeugungen". Und der transaktionsanalytisch vorgehende Experte ist dann „einer, der immer so Kringel malt".

Versucht man, das Interventionsverhalten von Beratern nun – jenseits der methodischen „Schule", der jener angehört – dennoch zu skizzieren, lassen sich einige einfache Verhaltenselemente beschreiben, die in unterschiedlicher Verteilung und Mischung wohl während der meisten Beratungen auftauchen dürften.

7.7.2 Zuhören und zusehen

Zuhören ist sozusagen das „Rohmaterial aller Beratung. Zuhören heißt, sich aufmachen für den anderen und den eigenen Vorrat an Gedanken, Meinungen, Gefühlen, Bewertungen, Urteilen, Wünschen, Überzeugungen und Absichten aus dem Kontakt zunächst herauszuhalten. Zuhören gibt dem Klienten die Möglichkeit, „sich auszusprechen", also sich leer zu machen von all den Dingen, die ihn beschäftigen. Der Berater wird beim Zuhören auch versuchen, auf das zu hören, was nicht explizit gesagt wird. Er wird auf Nuancen achten, Untertöne mithören, hinhören. Er wird aktiv versuchen zu erfassen, was genau der andere ihm sagen will, ohne das Gehörte mit eigenem Material anzureichern, ohne es zu verändern, umzuinterpretieren oder gleich einzusortieren in sein vielleicht schon vorhandenes Konzept über den Klienten.

Die in der Kommunikationslehre geläufige Unterscheidung zwischen den vier Kommunikationsebenen, die F. Schulz v. Thun in den siebziger Jahren beschrieben hat, gehört zum gängigen Instrumentarium beim Zuhören: Neben dem Inhalt des Gesagten enthält jede Mitteilung auch eine Information über die Beziehung, die der Sprecher (also der Klient) durch das Reden zum Zuhörer (also zum Berater) herstellt. Neben der mit jeder Kommunikation einhergehenden Selbstoffenbarung des Klienten gibt es immer auch eine Qualität von Aufforderung oder Appell in dem, was und wie dieser spricht. Der Berater hat gelernt, solche „Auch-Botschaften" mitzuhören, ganz gleich, welcher „Schule" er nun angehört.

Und er wird nicht nur hören. Er wird den Klienten ansehen und hoffentlich auch wahrnehmen, was es zu sehen gibt. Das angedeutete Lächeln und die heruntergezogenen Mundwinkel, die Veränderung der Gesichtsfarbe und die Verlegenheitsgesten, die Körperhaltung und die Atmung wird der Berater „mitbekommen", in sich aufnehmen, ohne daraus schon irgendwelche Schlüsse zu ziehen. So entsteht eine Atmosphäre wirkungsvoller Präsenz, die den Klienten ermutigt, mehr zu sagen. Führungskräfte sind dazu angehalten, alle Eindrücke stets auch auf ihre Tauglichkeit für das Handeln zu prüfen und sie ggf. zu verwerten. Aus dieser Orientierung fühlen sie sich gelegentlich unbehaglich dabei, so intensiv wahrgenommen zu werden. Sie können sich kaum vorstellen, daß ihr Gegenüber mit diesen Wahrnehmungen erst einmal nichts „macht", und entwickeln deshalb rasch Phantasien darüber, wie der andere sie jetzt „durchschaut" oder „analysiert". Erst langsam lernen sie, daß dieses Aufnehmen wirklich nur dazu da ist, einen möglichst einfachen und unbedrohlichen Kontakt herzustellen, der von ihnen, den Klienten, mit Inhalt gefüllt wird.

7.7.3 Nachfragen

Berater sind neugierig. Neugier auf Menschen ist eine der wesentlichen Antriebskräfte für diese Tätigkeit. Ohne Neugier, also wirklich entwickeltes Interesse für das, was der andere zu sagen und zu zeigen hat, kann kein Berater seine Arbeit tun. Berater folgen ihrer Neugier oft, indem sie Fragen stellen. Die Fragen sind manchmal überraschend für den Klienten, weil sie aus einem anderen Bezugssystem stammen. Mit dem Nachfragen signalisiert der Berater auch sein Interesse, ermuntert seinen Klienten zum Weiterberichten. Oft werden die Fragen – getreu der alten Interviewregel – „offene" Fragen sein: „Wie, was, wann, wo, warum, wozu, wer" sind Frageworte, die zur Hergabe weiterer Details anregen und doch dem Klienten überlassen, was und wieviel er auf die Frage antworten will.

7.7.4 Unterstützung geben

Bei seiner Arbeit mit dem Berater wird der Klient immer wieder in Situationen geraten, in denen er sich unsicher oder schwach fühlt. Das kann mit dem Thema und Anlaß der Beratung zu tun haben, mit Gefühlen von Verlegenheit oder auch mit intensiveren Gefühlen überhaupt. Beim Lernen entstehen häufig Unsicherheitsgefühle, weil man etwas zum erstenmal tut, experimentiert, sich behutsam einer Idee, einem Verhalten annähert. Der Klient kann Zweifel haben an eigenen Meinungen, Absichten oder Entscheidungen, er kann Befürchtungen hegen hinsichtlich der zukünftigen Entwicklung von Kontakten oder Situationen.

In solchen Fällen wird der Berater versuchen, vorübergehend seinem Klienten Unterstützung zukommen zu lassen. Er wird ermuntern oder bestätigen, zustimmen oder bekräftigen, Information anbieten oder praktische Hilfe, Erlaubnis geben oder was immer sonst Unterstützung vermitteln kann.

Entscheidend ist, daß dieser „Fremdsupport" nicht dauerhaft wird. Grundsätzlich gehen Berater wohl immer davon aus, daß der Klient in der Lage ist, sein Leben in allen erfreulichen wie schwierigen Aspekten selbst zu meistern. Der Klient ist kein (dauerhaft) Behinderter, der auf permanente Unterstützung angewiesen wäre. Unterstützung durch den Berater erfährt er jedoch immer dann, wenn er vorübergehend in einer Situation ist, wo er sich diese gerade nicht selbst geben kann.

7.7.5 Den Selbstausdruck fördern

Führungskräfte sind oft sehr in ihren Rollen verhaftet. Die Rolle der Führungskraft ist darauf angelegt, Kooperation mit anderen bei der Bewältigung von Sachaufgaben zu ermöglichen und Mitarbeitern untereinander die Kooperationsmöglichkeiten im Sinne der Aufgabe zu sichern. Damit ist die Rolle oft ausgesprochen sachbezogen und auf die Minimierung von Unterschiedlichkeit angelegt und enthält wenig Verhaltensmöglichkeiten für intensiven Selbstausdruck. Konsequenterweise sind die kommunikativen Ausdrucksmöglichkeiten von Managern eher eingeengt. Was im beruflichen Alltag wenig auffällt, wird in der Beratung als Begrenzung sichtbar. Intensiver Ausdruck von Meinungen, mehr noch der Ausdruck von Gefühlen sind gebremst, die Sprache ist nüchtern, oft technisch und extrem versachlicht. Hier bietet der Berater seinem Klienten Gelegenheit, Anleitung und Ermutigung, das auszudrücken, was er denkt, fühlt und will. Die Situation ist sanktionsfrei, deswegen kann der Klient in Ruhe ausprobieren, wie er diese oder jene Befindlichkeit wirksam ausdrücken kann. Ganz gleich, ob man ihm nun eine andere Sprachform, einen anderen „Code" vorschlägt, ihn auffordert, ein Bild zu benutzen, ein Bild wirklich zu malen, ihn bei der Äußerung von Gefühlen anleitet und stützt, immer geht es darum, zusätzliche Formen des angemessenen Selbstausdrucks zu finden. Dies ist nicht etwa ein Selbstzweck im Sinne der psychohygienischen Funktion einer „emotionalen Müllkippe". Es geht vielmehr um das Wiedererlernen von expressiven Verhaltensmöglichkeiten, um sich – außerhalb der Managerrolle und wenn die Situation es zuläßt – wieder auf vielfältige Weise der Umwelt mitteilen zu lernen. Viele Klienten aus der Managerwelt haben z.B. ihr sprachliches und gestisches Ausdrucksrepertoire durch die Erfahrungen in der Beratung erheblich erweitert. Nicht im Sinne eines instrumentellen Verhaltensdrills, sondern als zusätzliche Möglichkeit eigengesteuerten Verhaltens.

7.7.6 Bedeutungen klären

Die Sprache ist die Mutter, nicht die Magd des Gedankens.
(Karl Kraus)

Eine der großen Schwierigkeiten bei der Kommunikation liegt bekanntlich darin, daß wir mit den gleichen Begriffen oft unterschiedliche Bedeutungen verbinden. In der Alltagskommunikation entstehen daraus oft unaufgelöste Mißverständnisse. Sie bleiben nur dann aus, wenn eine Gruppe von Personen über lange Zeit miteinander kommuniziert hat und die jeweiligen Bedeutungen von Wörtern dadurch für alle ausreichend klar geworden sind. Damit entsteht aber immer auch eine weitere „Fachsprache" oder ein „Jargon", der außerhalb dieses abgegrenzten Kreises nicht mehr verstanden wird. Fast jedes Unternehmen hat inzwischen eine solche „Firmensprache" entwickelt, meist aus vielen Abkürzungen bestehend, und auch innerhalb bestimmter Branchen gibt es festgelegte Bedeutungen und innerhalb der gesamten Teilwelt „Management" ebenfalls.

In der Beratung stehen Bedeutungen plötzlich wieder zur Disposition, werden im Rahmen der Verständigungsarbeit zwischen Berater und Klient und insbesondere während des „Aufräumens" neu geklärt und schärfer gegeneinander abgegrenzt. Was ist ein „Konflikt"? Wann sprechen wir von „Intimität"? Was ist „ungehöriges Benehmen"? Was ist „Motivation"? Was ist „Faulheit"? Was ist der Unterschied zwischen „Durchsetzungsvermögen" und „Über Leichen gehen" ? Beispiele für oft benutzte Begriffe, deren Bedeutung im jeweiligen Zusammenhang mit z.T. überraschenden Ergebnissen untersucht werden kann.

Noch wesentlicher wird diese Klärungsarbeit, wenn es nicht mehr allein um sprachliche Begriffe, sondern um die Kommunikation durch schlüssiges (oder mißverständliches) Verhalten geht. In der Kommunikationstheorie spricht man von „Kontextkommunikation", die ihre Bedeutung aus einem Verhalten einerseits und der spezifischen Situation, in der es gezeigt wird, andererseits erhält. Je mobiler die Gesellschaft wird, desto öfter treffen gegenwärtig verschiedene Kontexte auch im Unternehmen aufeinander: Kontexte von gesellschaftlichen Schichten, Berufsgruppen, Generationen, ethnischen Gruppen, Subkulturen und „Szenen".

In all diesen Kontexten gibt es unterschiedliche Kommunikationsgewohnheiten, gelten unterschiedliche Dinge als erlaubt, schick, ungehörig, unverschämt, bescheiden, peinlich usw. Kontextverhalten regelt innerhalb von Gruppen Dinge wie Status, Nähe, Einfluß, Kontaktaufnahme und -abbruch, Kampf, Geselligkeit, Ausdruck von Gefühlen und vieles andere. Indem der Berater mit seinem Klienten dessen eigenes Verhalten, aber auch das Verhalten anderer in seiner kontextgebundenen Bedeutung neu klärt, entsteht ein komplexerer, aber angemessenerer Zugang zur unübersichtlich gewordenen Umwelt des Klienten. Diese Klärungsarbeit ist z.B. dann besonders von Bedeutung, wenn der Klient in eine neue Arbeitsumgebung eingetreten ist, in der andere Kontextbedeutungen gelten, eine Bedingung, die für mehr und mehr Führungskräfte zum Alltag geworden ist.

7.7.7 Konfrontationen

Der Begriff „Konfrontation" ist selbst ein Beispiel für einen Ausdruck, dessen Bedeutung klärungsbedürftig ist. In der Welt des Managements ist eine Konfrontation meist etwas Unangenehmes, das es möglichst zu vermeiden gilt. Konfrontation hat dort mit Streit und Kampf zu tun, wird als störend und sogar destruktiv verstanden. Im Beratungskontext versteht man unter einer Konfrontation einen Moment intensiveren Kontaktes zwischen Klient und Berater, bei dem Unterschiedlichkeit voll aufeinandertrifft und sichtbar wird. Der Berater stellt dem Klienten in einer Konfrontation eine deutliche und klare Aussage gegenüber, die sich durch eine erhebliche Unterschiedlichkeit zur Wahrnehmung, zum Denken, zum Wollen des Klienten auszeichnet.

„Ich konfrontiere Sie mit Ihrer Passivität", sagte der Berater im Rahmen eines Outplacement zu dem Klienten, der die vereinbarten Arbeitsschritte mehrmals nicht erledigt hatte.

"Sie weichen mir immer wieder aus, wenn es um die Frage geht, was Sie eigentlich lernen wollen", sagte der Berater zu dem Klienten, der sich beim Formulieren des Arbeitsbündnisses in weitschweifigen Erklärungen verlor. „Ich will nicht mehr so viel Angst haben", rutschte es dem Klienten heraus, und er wurde sichtlich verlegen.

Konfrontationen sind „starke", manchmal massive Interventionen. Sie setzen eine tragfähige Beziehung zwischen Berater und Klient voraus. Fehlt diese, können zu heftige Konfrontationen zu Arbeitsstörungen im Beratungsprozeß führen und werden dann von Managern oft als Kritik mißverstanden. Dann gilt es klarzumachen, daß Konfrontationen ein deutliches Informationsangebot darstellen, über das dann zu reden sein wird. Mit Hilfe der Konfrontation lernt der Klient manchmal schlagartig etwas über sich selbst und der Arbeitsprozeß kann auf einer intensiveren Beziehungsstufe weitergehen.

7.7.8 Arbeitsvorschläge

Viele Interventionen des Beraters beinhalten Arbeitsvorschläge zum Verfahren. Ganz gleich, ob es nun darum geht, ein Thema zu intensivieren, den Kommunikationsstil zu ändern, mehr von diesem und weniger von jenem zu reden, etwas auszuprobieren, ein Instrument einzusetzen, immer wieder wird der Berater den Klienten einladen, etwas zu tun, das – aus beraterischer Sicht – dem Lernen, Aufräumen, Klären, also dem Anliegen des Klienten dienlich ist. In der Vielfalt der Arbeitsvorschläge gibt es praktisch keine generellen Grenzen. Auch hier gilt die Formel von der Mischung aus Bekanntem und Unbekanntem: Was der Berater dem Klient vorschlägt, muß für diesen einerseits annehmbar sein, andererseits soll es eine Einladung zu einer neuen, bisher nicht geläufigen Erfahrung darstellen. Viele Berater gestalten das Lernen durch ihre Kreativität beim Erfinden solcher hilfreichen, lernträchtigen und dennoch vom Klienten mit viel Aufregung gerade noch hinnehmbaren Arbeitsvorschläge.

Manche dieser Vorschläge zielen auf eine Aktivität in der Sitzung selbst, andere sind in Form von „Hausaufgaben" auf die Zeit bis zur nächsten Sitzung gerichtet. Sie werden dann in bezug auf die dabei gemachten Erfahrungen ausgewertet. Mit Hilfe einer „steileren" oder „flacheren" Gangart bei seinen Arbeitsvorschlägen kann der Berater mit dem Klienten das Arbeitstempo und die Arbeitsintensität verändern. Dies wiederum hängt davon ab, wieviel Zeit und Energie der Klient für sein Lernen zur Verfügung hat, wieviel Lernirritation er sich in seiner gegebenen Realität leisten kann und in welchem emotionalen Zustand er sich jeweils befindet.

7.7.9 Erklären und Information geben

Zu den meist weniger aufregenden, gewissermaßen selbstverständlicheren Interventionen gehören die inhaltlichen Informationen und Erklärungen, die der Berater seinem Klienten gibt. Dazu gehören zunächst alle Belange des Prozesses selbst, die ja dem Berater vertrauter sind als dem Klienten. Dazu können aber auch Erklärungen über psychologische, wirtschaftliche oder pädagogische Gegebenheiten gehören, die den Klienten interessieren und für die der Berater zufällig Experte ist. Völlig ohne Informationen kommt auch die erlebnisintensivste Beratung auf die Dauer nicht aus. Informationen, Erklärungen und Einsichten sind zwar nie eine hinreichende, oft aber eine notwendige Bedingung für das Einleiten von personenbezogenen Veränderungsprozessen. Schwierig wird diese Form des Intervenierens, wenn der Klient mit Hilfe seiner fachlichen Neugier die Arbeit auf anderen Gebieten zu vermeiden sucht. Manager sind von der Rolle her oft sehr inhaltsorientiert und gehen davon aus, daß Information und Einsicht schon Veränderung bewirkt. Hier wird der Berater sich u.U. sogar als Lieferant von bloßen Informationen verweigern, um im Arbeitsprozeß auf jene Dimensionen zu stoßen, die vom Klienten emotional erfahren, praktisch geübt und wertmäßig geklärt werden müßten.

Häufig wird der Berater diese Erklärungsarbeit auch einfach an ein Fachbuch delegieren und sich anbieten, nach der Lektüre mit dem Klienten darüber zu reden. Erklärungen bilden nur dann den Hauptteil einer Beratung, wenn diese auf eine stark wissensorientierte Instruktionsaufgabe, also eine reine Unterweisung beschränkt ist.

7.8 Beenden der Beratung

Ähnlich sorgfältig wie sie begonnen hat wird die Beratung sinnvollerweise auch beendet. Das Ende ergibt sich, gemäß den zu Beginn abgeschlossenen Vereinbarungen, durch die Zahl der durchgeführten Sitzungen bzw. dadurch, daß Klient und Berater gemeinsam zu der Überzeugung kommen, die notwendige Arbeit sei nun abgeschlossen. Dieser Arbeitsschritt, das Ende gemeinsam festzustellen, ist nicht ohne weiteres durch ein externes, sachliches Kriterium zu ersetzen. Auch eine Beratung mit einer fest vereinbarten Anzahl von Terminen enthebt die Beteiligten nicht der Notwendigkeit, gemeinsam die Entscheidung zur Beendigung des Arbeitsprozesses zu treffen.

Eine Schwierigkeit beim Beenden von Beratungen liegt darin, daß der Klient sich gelegentlich bereits an die Existenz des Beraters in seinem Leben „gewöhnt" hat und nun nur ungern oder gar nicht auf diese etablierte Möglichkeit verzichten möchte, seine Belange mit dem vertraut gewordenen kundigen Menschen durchzusprechen. Es gibt in jedem Leben und in jedem Beruf zu jeder Zeit so viel zu bearbeiten und zu klären, daß sich die scheinbare Notwendigkeit einer „endlosen" Beratung leicht begründen ließe. Hier zeigt sich, wie wichtig das zu Beginn geschlossene Arbeitsbündnis ist. Mit Rückgriff auf die seinerzeit getroffenen Vereinbarungen muß der Klient verstehen lernen, daß er nun seine beruflichen und persönlichen Fragen wieder mit Hilfe seines normalen – inzwischen vielleicht erweiterten – Repertoires an Handlungsmöglichkeiten und Kontakten bewältigen wird. Der Berater ist normalerweise nicht an einer Dauerstellung interessiert. Damit ist nicht ausgeschlossen, daß es irgendwann eine weitere Situation geben kann, in der der Klient seinen Berater wieder konsultieren mag.

In der Schlußsitzung wird das gesamte Geschehen von beiden Beteiligten ausgewertet. Es wird festgehalten, wo der Klient jetzt in seinem Leben und in seiner Karriere steht. Es wird geprüft, ob die Erwartungen sich erfüllt haben oder nicht. Oft stellt sich dabei heraus, daß sich der Erwartungshorizont des Klienten seit Beginn der Beratung deutlich geändert hat. Ging es zu Beginn noch um „Notwendigkeiten", also um „Nöte", die (ab-)„gewendet" werden sollten, ist vielfach daraus ein intensiveres Interesse an persönlicher und beruflicher Weiterentwicklung geworden. Oft sind Lebensentscheidungen wieder in den Blick gerückt, die am Anfang gar nicht im Bewußtsein waren. Horizont und persönliches Koordinatensystem des Klienten haben sich vielleicht drastisch geändert, seine weitere Reise geht in eine andere Richtung, als er es je zuvor vermutet hätte.

Berater und Klient verabschieden sich voneinander und aus ihren Rollen. Damit ist nicht gesagt, daß der Kontakt zwischen beiden Personen nun endgültig abgebrochen wird. Vielfach entstehen aus Beratungen – wenn der Prozeß der gemeinsamen Arbeit entsprechend gelagert ist – anschließend andere Beziehungen zwischen den Beteiligten, manchmal sogar Freundschaften. Dies ist aber nicht zwangsläufig, sondern hängt davon ab, ob während der Arbeit ein originäres Interesse an der jeweils anderen Person entstanden ist, das nun jenseits der seinerzeit vereinbarten Arbeitsbeziehung weiterverfolgt werden kann. In jedem Fall aber sind die Auflösung der geschlossenen Vereinbarung und die Beendigung der Rollenbeziehung nötig.

Kapitel 8
Erfolgskriterien für die Einzelberatung

Erfolg und Mißerfolg: Zweige am Baum.
(H. Kasper)

Manager sind Menschen, die nach Erfolg streben, es ist eine der am meisten benutzten Vokabeln im Management. Erfolg ist dort das Ausmaß der Zielerreichung, und Ziele sind – wie wir im Kapitel über die Zielformulierung gesehen haben – im Management meist eindeutiger bestimmbar als in Beratungsprozessen. Ein mögliches Kriterium für Erfolg ist immer das Ausmaß, in dem das vorher vereinbarte Ziel der gesamten Aktivität tatsächlich erreicht worden ist. Die Schwierigkeiten beginnen wieder dort, wo es um die Operationalisierung dieser Zielgrößen bzw. deren Ausmaß an Verwirklichung geht. Um wieviel „zufriedener", „erleichterter", „fähiger" oder gar „glücklicher" ist der Klient nach der Beendigung seiner Beratung? Wie wird dies gemessen oder auch nur in nachvollziehbaren Größen angegeben? Im nachhinein zeigt sich, daß die Zielformulierung zu Beginn nicht viel taugt, um nun Erfolgsmessung zu betreiben. Verobjektivierbar ist der Erfolg von Beratung auf diesem Wege meist nicht.

Zu Beginn der Beratung mit dem Bereichsleiter „Verkauf" ging es um die „Behebung von Führungsproblemen" im Umgang mit seinen Mitarbeitern. Am Ende hatte er zwar eine große Anzahl von Gesprächen mit den Personen seiner Arbeitsumgebung geführt, es kam auch weniger häufig zu kommunikativen Mißverständnissen, Sitzungen liefen mit beobachtbar größerem Output an Entscheidungen ab und was dergleichen Verbesserungen mehr sind. Wichtiger aber war: Er hatte für sich herausgefunden, daß dies nicht „seine" Firma war. Der Eigentümer des nach wie vor mittelständisch orientierten 2.000-Mann-Unternehmens machte ihm immer wieder Vorschriften, die er völlig unsinnig fand, mischte sich in Details ein. Der Klient hatte während der Beratung gemerkt, wie sehr ihm das zuwider war. Seine Angst, mit über

Fünfzig woanders eine vergleichbar ausgestattete Position zu finden, hatte einer Abenteuerlust Platz gemacht, die er seit dem Ende seines Studiums nicht mehr gekannt hatte. Seine Frau war skeptisch-ungläubig-erfreut über seine alte-neue Begeisterung, traute dem Braten aber noch nicht ganz. Er begann damit, seine Umwelt wissen zu lassen, daß er „verfügbar" war. Heute hat er die Generalvertretung für einen ausländischen Wettbewerber seiner früheren Firma und beschäftigt 25 Mitarbeiter, die er sich sehr sorgfältig ausgesucht hat. Es gibt keine „Führungsprobleme". Alle machen alles. In seinem kleinen Unternehmen geht es absolut chaotisch zu, und alle mögen das. Er arbeitet jetzt etwas zu viel, und seine Frau hat Bedenken, ob er das gesundheitlich durchhält. Er will von solchen Bedenken nichts wissen.

Schwer zu sagen, ob die im Beispiel beschriebene Beratungsarbeit „erfolgreich" war. Sie hat dazu beigetragen, ein Leben durcheinanderzubringen, neue Erfahrungen sind möglich geworden, und neue Problemsituationen zeichnen sich ab.

Wir könnten als Erfolgsmaßstab von Beratung das Verschwinden eines „unangenehmen" Symptoms benutzen, sofern ein solches seinerzeit als Auslöser herangezogen und benannt worden war. Leider ist es jedoch meist so, daß während der Beratung viel mehr passiert ist als das Verschwinden dieses einen Symptoms, das wir im Blick haben. Ganze Befindlichkeiten haben sich physisch, psychisch, manchmal auch spirituell verändert. Neue Meinungen sind entstanden, andere Ideen über Kontakt und Führung, Motivation und Arbeit, Leistung und Geld haben sich gebildet. Beziehungen sind anders geworden. Andere „Symptome" haben sich eingestellt: Oft ist die Umwelt gar nicht so sehr einverstanden mit dem, was da mit dem Betroffenen während einer Beratung alles geschieht. Das Beziehungsgleichgewicht im Leben des Klienten ist womöglich durcheinandergeraten. Alte Konflikte, längst erkaltet und gut in das wechselseitige Miteinander-Zurechtkommen eingearbeitet, sind aufgebrochen und Thema geworden. Wo ist bei all diesen Erscheinungen unser Symptom geblieben?

Es hilft nichts, und der immer gleiche Grundwiderspruch ereilt uns auch hier: Erfolg ist ein Begriff des kausalen Denkens in Ursachen und Wirkungen: Weil dieses und jenes getan wurde, ist dieses und jenes bewirkt worden. Im Managerhandeln ist dieses kausale Denken in linearen und vereinfachten Wirkungszusammenhängen immer noch verbreitet. Ohne dieses Denken gäbe es keine „Erfolgs"beteiligung, keine Prämien, keine leistungsabhängige Entlohnung, keine Beförderungen. Doch auch im Management wird in sehr komplexen Zusammenhängen, besonders in Großunternehmen, diese einfache Erfolgsorientierung längst pervertiert. Es geht dann nicht mehr um einen – ohnehin nicht zu ermittelnden – Erfolg, es geht oft nur noch darum, Einfluß darauf zu nehmen, wem die Beurteilenden den Erfolg zuschreiben. Diese „Manipulation der Attribuierungsmuster" leitet bereits das Handeln vieler Führungskräfte.

In der Beratungsarbeit muß diese Entartung nicht unbedingt mitgemacht werden. Wenn wir erst einmal zulassen können, daß es Erfolgskriterien hier nicht gibt, weil sie in ein anderes Denkschema gehören, wenn wir verstehen, daß sie nichts anderes als Zuschreibungskonstrukte sind („Kausalpläne" hat der Soziologe Niklas Luhmann als Begriff vorgeschlagen), dann können wir uns vielleicht der wesentlich erhellenderen Frage zuwenden, aufgrund welcher Denkmechanismen und Vorannahmen jemand seine Zuschreibungen von Erfolg auf Ursachen eigentlich vornimmt.

Diese einfachen und irgendwie längst geläufigen Überlegungen klingen dem Manager dennoch immer wieder bedrohlich. Gleitet da nicht das Handeln in eine höchst unscharfe Beliebigkeit ab? Woher soll man denn die Entscheidungskriterien nehmen, um darüber befinden zu können, ob eine Einzelberatung nun „gut" war, ob der Berater „nützlich" war, ob man eine solche Aktivität weiterempfehlen kann? Was ist das für eine Methode, die über ihre Nützlichkeit so wenig Konkretes aussagen kann? Schließlich handelt es sich ja auch um eine betriebliche Investition in die Person, wenn ein Unternehmen eine Beratung finanziert.

Wir werden wohl damit leben müssen, daß es darauf keine Antworten gibt. Und wir werden dennoch irgendwie im Einzelfall entscheiden, ob eine Beratung in der gegebenen Situation eine sinnvolle Aktivität ist oder nicht. Zur Not frage man den Betroffenen selbst nach seinem abschließenden Eindruck. Subjektive Meinungen sind ein höchst unbeliebtes Erfolgskriterium, wer wollte das bestreiten. Zumal die Entscheidung dadurch erschwert wird, daß der Erfolg einer Beratung mit der Person A überhaupt nichts darüber aussagt, was bei der Person B schließlich herauskommen mag. Und alle Vereinheitlichungsversuche ändern daran nichts, außer daß sie die mögliche Vielfalt und das Veränderungspotential des Beratungsprozesses beschneiden.

Es gab dieses Dilemma schon einmal, in den sechziger Jahren, als die betriebliche Fortbildung als Funktion der Personalwirtschaft entwickelt wurde und Manager begannen, auf Führungstrainings und Seminare zu gehen, um z.B. den „kooperativen Führungsstil" zu lernen. Seitdem hat sich im betrieblichen Fortbildungswesen ein amerikanischer Spruch eingebürgert, der das Dilemma illustriert: „If you think, education is expensive: Try ignorance!"

Kapitel 9
Grenzen der Einzelberatung: Therapeutische und andere Maßnahmen

9.1 Wenn Einzelberatung nicht mehr ausreicht

Personenbezogene Beratungsarbeit mit Führungskräften setzt voraus, daß der Betroffene in seiner Berufsrolle im wesentlichen noch wirksam sein kann und daran interessiert ist, aus eigener Kraft, aber mit der Unterstützung des Beraters seine Situation zu verändern. Die Regularien und Interpretationsmuster für die Beratungsbeziehung und für die Beratungssituation sind zu einem erheblichen Teil angebunden an die Welt des Managements. Der Berater läßt sich sogar auf eine Zielformulierung ein, weil dies der üblichen Denkweise seines Klienten bei der Problemlösung entspricht. Der Berater liefert eine einigermaßen überschaubare Struktur im Vorgehen und schafft dadurch eine auch für den Manager akzeptable Form von Handlungssicherheit in einem individualisierten Lernprozeß. Der Berater versucht, sich so weit wie möglich im für Manager nicht stigmatisierten Feld von diskretem Lernen und berufsorientierter Beratung aufzuhalten. Er versucht außerdem, jene Irritationsprozesse für seinen Klienten gering zu halten, die dieser Arbeitsform nun einmal eigen sind.

Solche Beratung ist eindeutig keine Psychotherapie und auch nicht darauf ausgerichtet, psychotherapeutische Wirkungen zu erzielen. Selbstverständlich gehören alle klassischen psychischen Störungen wie starke Zwänge, ausgeprägte Phobien, Depressionen bis zur Suizidgefahr, Wahnvorstellungen mit hochgradig eingeschränktem Realitätskontakt und die Vielfalt schizophrener Psychosen eindeutig in die Hand des Psychotherapeuten, Psychiaters oder Neurologen.

Und manchmal – allerdings sehr selten – zeigt sich in einer Beratung, daß die in dieser Arbeitsform angelegten Interventionen den Klienten nicht mehr lernwirksam erreichen, ja mehr noch, daß die durch die Beratung erst geschaffenen Lernanlässe und Irritationen von ihm nicht konstruktiv verarbeitet werden können. Der Klient wird dann in erheblichem Ausmaß instabil in seinen Reaktionen und verwendet die im Verlauf der Beratung angesprochenen Themen nicht mehr im Sinne des Arbeitsbündnisses. Dann könnte es sein, daß eigentlich für ihn eine andere Form gefunden werden müßte, an seinen persönlichen Verhaltenseinschränkungen zu arbeiten. Die Frage für den Berater entsteht, ob und wann er seine Arbeit beendet und mit dem Klienten den Übergang in andere, intensivere Formen persönlicher Problembehandlung vorbereitet und vollzieht. Denn wenn die Schwierigkeiten des Klienten mit seiner Umwelt einerseits sehr erheblich sind und andererseits deutlich wird, daß die seinen Verhaltensweisen und Erlebensformen zugrundeliegenden Störungen sehr tief in seiner Person verankert sind, dann sind wohl intensivere Arbeitsformen psychotherapeutischen Zuschnitts nötig, die deutlich über eine Einzelberatung zur Berufsrolle hinausgehen. Die Grenze zwischen den Indikationen ist zwar unscharf und wird zum Glück in den allerseltensten Fällen überhaupt erreicht. Dennoch sind auch die Grenzfälle stets mitzudenken. Die fortgeschrittenen Erscheinungsformen von Abhängigkeitserkrankungen sind noch das relativ am häufigsten anzutreffende Syndrom, bei dem eine bloße Einzelberatung ganz eindeutig in eine regelrechte Behandlung zu überführen ist. Doch auch bei heftigen und langanhaltenden psychosomatischen Beschwerden verschiedenster Art – wenn sie denn auftreten – wäre es verantwortungslos, mit einer Beratung einfach fortzufahren. Und wenn der Klient etwa Ideen entwickelt und hartnäckig verfolgt, die nicht mehr nachvollziehbar an die durch andere Personen wahrnehmbare Realität angekoppelt sind: Auch dann ist Beratung natürlich nicht mehr die adäquate Arbeitsform. In solchen extremen Fällen ist unbedingt und ohne Zögern die Überweisung an einen professionellen Psychotherapeuten oder an einen Facharzt für Psychiatrie nötig.

Nun taucht auch ein solcher Übergang zu psychotherapeutischen Maßnahmen nur sehr selten überhaupt als Frage auf, weil die Einzelberatung sich von Anfang an eindeutig als eine individuelle Lernform präsentiert: Fragen der beruflichen Rollengestaltung von Führungskräften und deren Auswirkungen auf individuelle Bewältigungsmuster im Verhaltens- und Erlebensbereich sind das Thema, nicht Erkrankungen der Seele. Für den Berater ist es dennoch selbstverständliche professionelle Pflicht, im seltenen Extremfall die Übergabe zu den nachgelagerten zuständigen und kompetenten Personen und Stellen zu organisieren, die für eine weitere Arbeit mit dem Klienten in Frage kommen. Beratung von Führungskräften ist keine Psychotherapie, aber das Arbeitsfeld solcher Beratung deckt ein Kontinuum von Lernformen ab, das auf einer Seite an Psychotherapie angrenzt. Der Grenzübergang muß vom Berater professionell gestaltet werden können.

Dies gilt nicht nur während der Beratungsarbeit, es gilt auch und noch mehr für die vor Beginn der Arbeit anstehende Frage, ob es sich bei diesem Klienten um einen Menschen handelt, der von Beratung überhaupt noch profitieren kann oder nicht. Die ausführliche Klärung und die einzelnen Arbeitsschritte sollen sicherstellen, daß der Berater diese fundamentale Entscheidung treffen und ihre Konsequenzen mit dem potentiellen Klienten rechtzeitig besprechen kann, möglichst schon bevor man in die Arbeit einsteigt. Auch hier sind die Abhängigkeitserkrankungen (Alkoholismus, Medikamentenabhängigkeit, Drogenabhängigkeit) die wohl im Management relativ am häufigsten anzutreffenden Formen, die den Berater vor eine solche Entscheidung stellen können.

Dem verantwortungsbewußten Umgang mit diesen Grenzen der eigenen Zuständigkeit, Kompetenz und Leistbarkeit steht manchmal die Allmachtsphantasie des Beraters entgegen. Der Manager, der zu ihm kommt und ihm seine Situation schildert, ist natürlich aus naheliegenden Gründen ebenfalls daran interessiert, die volle Schwere seiner Störung nicht gleich erkennbar werden zu lassen. Er wird Beschreibungsformen wählen, die eine personenbezogene Beratung als zunächst adäquat erscheinen lassen. Wer hier „mitspielt", handelt sich und seinem Klienten eine Fülle vermeidbarer Probleme ein. Eine regelmäßige Fallsupervision hilft bei diesen Fragen. Eine hoffentlich vorhandene gründliche psychotherapeutische Ausbildung macht ihn urteilsfähiger für solche Erfahrungen an der Grenze seiner Zuständigkeit.

9.2 Zum Unterschied zwischen Beratung und Psychotherapie

In Diskussionen um Einzelberatung, insbesondere in der Variante des „Coachings" taucht immer wieder die Frage auf, ob es sich dabei denn nicht doch um eine verkappte Form der Psychotherapie handele, die nur wegen der Kulturverträglichkeit mit den Normen des Managements unter dem seinerzeit neuen Namen „Coaching" daherkomme. Mehrere Einflüsse scheinen eine solche Vermutung zunächst auch nahezulegen:

- Manager sind in Deutschland – wie die Gesellschaft insgesamt – nach wie vor besonders kritisch gegenüber der Veranstaltung „Psychotherapie". Es gibt zwar seit den siebziger Jahren einen sogenannten „Psychoboom" mit all seinen Auswüchsen, doch handelt es sich dabei keineswegs um ein wirklich ausgreifendes Massenphänomen. Anders als in den USA, wo seit den fünfziger Jahren der wöchentliche Gang zum „shrink" Teil des Alltagslebens und die Ereignisse während der Therapie Gegenstand von Partygesprächen in der Mittelschicht geworden sind, gelten Psychotherapeuten bei uns immer noch als etwas exotische Wesen. Viele Menschen können auf Befragen noch nicht einmal den Unterschied zwischen Psychotherapeuten, Psychiatern und Psychoanalytikern angeben. Von daher wäre es in der Tat denkbar, daß die Psychotherapie nun versucht, sich mit Führungskräften eine zahlungskräftige Klientel heranzuziehen, indem sie einfach das Verfahren in „Coaching" umtaufte, um aus dem (schon seit nationalsozialistischen Zeiten) stigmatisierten Wortumfeld „Psycho-" zu entkommen.

- Die Arbeitssituation in der Einzelberatung ist – was das Arrangement betrifft – ähnlich wie in der Psychotherapie: Zwei Menschen sitzen zusammen und reden über die Belange des einen Menschen. Sie tun dies regelmäßig auf der Grundlage einer extra zu diesem Zweck geschlossenen Vereinbarung. Derjenige, über den gesprochen wird, bezahlt den anderen dafür. Für ein solches Kommunikationsarrangement gibt es wenig andere Modelle in der Gesellschaft außer eben Psychotherapie.

- Das Thema in der Beratung ist – ähnlich wie in der Psychotherapie – der Klient mit seinem Denken, Fühlen, Wollen und Handeln, mit seinem gesamten Erleben also.

Die Verwechslung von Einzelberatung oder dem modischen „Coaching" mit Psychotherapie ist also scheinbar naheliegend, insbesondere wenn man aus einer distanten Position und mit geringer Vorinformation auf beide Arbeitsformen schaut. Bei näherem Hinsehen zeigen sich allerdings die deutlichen und benennbaren Unterschiede:

- Die Anbieter von Einzelberatung für Führungskräfte sind eben meist nicht klassische Psychotherapeuten, sondern ganz überwiegend Professionelle, die sich ohnehin beruflich in verschiedenen Funktionen im Umfeld der Subkultur „Wirtschaft und Management" aufhalten. Solche Einzelberatung wird meist von Menschen betrieben, die nicht oder nicht mehr als Psychotherapeuten arbeiten, wohl aber als Organisationsberater, Managementtrainer oder Personalentwickler.

- Die zeitlichen und räumlichen Arrangements von Beratung und Psychotherapie unterscheiden sich erheblich. Die Beratung von Führungskräften geschieht an unterschiedlichen Orten, das Arbeitszimmer des Beraters kommt dafür ebenso in Betracht wie das Büro des Klienten, ein Besprechungszimmer im Hotel, eine Parkbank oder die freie Natur beim gemeinsamen Spaziergang. Die Beratungstermine richten sich nach den zeitlichen Gegebenheiten der beiden Beteiligten und werden – im Abstand von bis zu vier Wochen – in die Terminkalender eingebaut. Psychotherapie findet demgegenüber praktisch ausnahmslos und notwendigerweise am immer gleichen Ort, nämlich in der Praxis des Therapeuten statt. Sie folgt einem viel stringenteren zeitlichen Raster mit einem bis drei fixierten Sitzungsterminen pro Woche zur immer gleichen Zeit an den immer gleichen Tagen. Diese Regelmäßigkeit ist für Psychotherapieklienten ausgesprochen wichtig, stellt sie doch eine zusätzliche Sicherheit dar: In Zeiten intensiver persönlicher Verunsicherung durch das therapeutische Geschehen muß der Klient sich darauf verlassen können, daß ihm sein Therapeut zu vorausbestimmten Zeiten in kurzen Abständen zur Verfügung steht, um sich dort Unterstützung, Entlastung und Klärung zu verschaffen. Psychotherapie ist eine Veranstaltung, nach der sich für eine bestimmte Zeitspanne das restliche Leben des Klienten (Termine, Aktivitäten, Urlaubsplanung etc.) ausrichtet. Ein solches terminliches „Skelett" ist für eine Führungskraft, die sich persönlich beraten läßt, normalerweise nicht nötig.

- Der thematische Umfang psychotherapeutischer Arbeit unterschiedet sich von dem einer Beratung ganz wesentlich. In der Beratung befaßt sich der Klient mit solchen Lernwünschen, Fragestellungen und Problemsituationen, die ihm aus der Handhabung seiner Berufsrolle erwachsen. Bei der Klärungsarbeit werden ganz überwiegend solche Situationen und Beziehungen thematisiert, die noch aktuell und real veränderbar sind. Psychotherapie greift viel weiter in die Erlebens- und Lerngeschichte des Klienten ein, untersucht im biographischen Zurückverfolgen, „wie alles anfing", und schafft Einsicht und klärendes Nacherleben bezüglich weit zurückliegender schwieriger Erfahrungen. Es versteht sich, daß ein solcher Zugang mit sehr viel mehr Irritation und Unsicherheit für den Klienten verbunden ist und viel mehr verschüttete Erfahrungen samt ihren Emotionen zum Vorschein bringt, als dies in einer Beratung der Fall sein kann.

- Zudem setzt Psychotherapie natürlich nicht allein an den beruflichen Rollenbezügen des Klienten an, dort wird auch und gerade thematisiert, wie es ihm in privaten Kontakten und Beziehungen zu Eltern, Geschwistern und Liebes-/Lebens-/Ehepartnern erging und ergeht. Diese Thematik der engen privaten Bezugspersonen aber spielt in der Einzelberatung nur eine nachgeordnete Rolle.

- Die Zielgruppe der Einzelberatung besteht ganz überwiegend „aus Führungskräften" oder „Managern". Hinter diesem begrifflichen Kürzel steht die Vorstellung, daß diese Arbeit mit Menschen betrieben wird, bei denen ihre beruflichen Belange und die Rollengestaltung im Arbeitsleben qualitativ wie quantitativ einen erheblichen Teil ihres Lebens ausmachen. Dieses Kriterium spielt jedoch für psychotherapeutische Arbeit zunächst keine Rolle. Psychotherapie macht als Arbeitsform praktisch keine Einschränkungen bezüglich der Zielgruppe, weil die Problemsituationen, auf die Psychotherapie versucht, eine Antwort zu geben, in jedem menschlichen Leben auftreten können. Damit wird nicht übersehen, daß sich Psychotherapie faktisch in der gesellschaftlichen Mittelschicht abspielt, weil eben vorwiegend dort die Zeit, die finanziellen Mittel und das Problembewußtsein vorhanden sind, die zum Einsatz dieser Arbeits- und Lernform nun einmal Vorbedingung sind.

In der Gesamtsicht stellen sich Einzelberatung und Psychotherapie als zwar ähnliche, oft konzeptionell einander benachbarte, aber durch eine wahrnehmbare und herstellbare Grenze deutlich getrennte Arbeitsformen dar. Die Grenze bildet sich durch die Abgrenzung der Zielgruppe, durch die Thematik, durch das örtliche und zeitliche Arrangement und durch die angestrebte Intensität und „Tiefung" der Arbeit selbst.

Wir haben es hier mit der Schwierigkeit zu tun, daß Beratung und Psychotherapie beides intensive Formen des persönlich bedeutsamen Lernens sind. Andere Varianten sind z.B. Selbsterfahrung, Meditation oder auch Exerzitien.

Die Übergänge vom kognitiv-intellektuellen „Lernen von Sachverhalten" über das trainierende „Lernen von Fertigkeiten und Verhaltensweisen" bis hin zum emotional verunsichernden psychotherapeutischen „Lernen über sich selbst" sind ausgesprochen fließend. Dies u.a. schon deshalb, weil alles Lernen sich notwendigerweise in der Beziehung zu einem anderen vollzieht, mag er nun „Lehrer", „Dozent", „Trainer", „Moderator", „Berater", „Coach", „Guru", „Meister" oder „Psychotherapeut" heißen. Und viele Lernerfahrungen werden in privaten oder beruflichen Beziehungen gemacht, die aus ganz anderen Zusammenhängen entstanden sind, wie z.B. die Beziehungen zu Lebenspartnern, Freunden, Kollegen oder Vorgesetzten. Beziehungsgeschehen aber ist lebendiges Geschehen und entzieht sich weitgehend der Kategorisierung. Um so notwendiger ist es, den in diesem fließenden Kontinuum auftauchenden Kontaktformen viel Aufmerksamkeit zu widmen.

Kapitel 10
Formen der Einzelberatung

10.1 Überblick

Eine Einzelberatung kann im weitesten Sinne alle Themen und zugehörigen Lernformen abdecken, die in Zweiersituationen zwischen einem Lehrenden/Beratenden und einem Lernenden/Ratsuchenden im Umfeld der Berufsrolle von Managern denkbar sind. Ordnen wir diesen Formen unterschiedliche Ausübende zu, so können wir zwischen externen und internen, professionell und „hauptberuflich" tätigen Beratern einerseits und den Mentoren und Vorgesetzten andererseits unterscheiden, die im Rahmen ihrer „eigentlichen" Tätigkeit auch Beratungsfunktionen in eingeschränktem Rahmen übernehmen. Externe Berater können je nach Arbeitsschwerpunkt und Kompetenz kraft ihrer Position zunächst die gesamte Spannbreite der beratungsrelevanten Themen und Arbeitsformen abdecken. Interne Berater sind, was ihre Handlungsmöglichkeiten hinsichtlich Thematik und Arbeitsform betrifft, wegen ihrer Zugehörigkeit zum System etwas eingeschränkter. Bestimmte Themen und Arbeitsformen sehr personenzentrierter Art liegen aus strukturellen Gründen außerhalb ihrer professionellen Reichweite, selbst wenn die personale Beratungsqualifikation gegeben ist, weil es sonst zu Rollenkonfusionen und Beziehungsunklarheiten kommen kann. Dies gilt in noch stärkerem Maße für Mentoren, die beraterisch tätig werden. Sie sind für den noch engeren Themenbereich der Positionierung ihrer Schützlinge in der Organisation zuständig und in den Möglichkeiten der Gestaltung von Beziehungen und Arbeitsformen damit noch stärker einge-

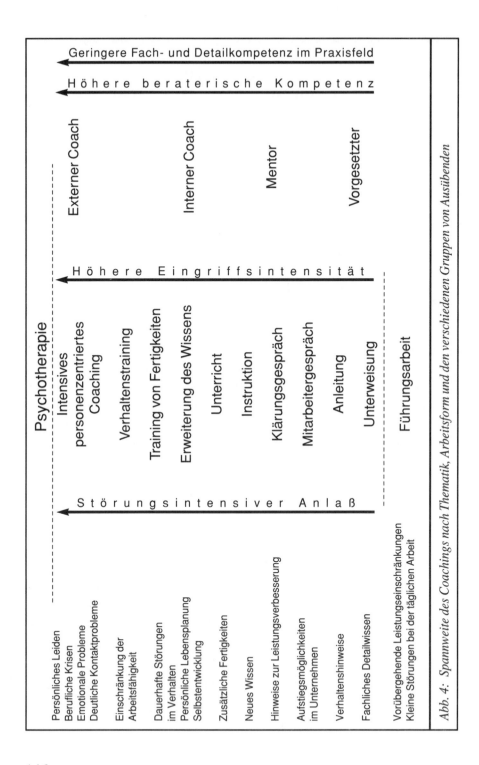

Abb. 4: *Spannweite des Coachings nach Thematik, Arbeitsform und den verschiedenen Gruppen von Ausübenden*

schränkt. Vorgesetzte schließlich können lediglich jenen Bereich von Themen und Arbeitsformen beraterisch abdecken, der ganz eng bei der üblichen Aufgabenerledigung ihrer Mitarbeiter liegt. Für sie ist wegen der hierarchischen Führungsbeziehung die Gefahr schädlicher Beziehungskonfusion am größten, wenn sie sich in Beratungsbeziehungen zu ihren Mitarbeitern begeben *(siehe Abb. 4)*.

10.2 „Coaching" als Teil der Führungsaufgabe: Der Vorgesetzte als „Coach"

So fühlt man die Absicht, und man ist verstimmt.
(Goethe)

Im amerikanischen Management wurde und wird der Begriff „Coaching" seit langer Zeit vorwiegend benutzt, um eine besondere Form der regulären Führungsaufgabe von Vorgesetzten zu kennzeichnen; seit einiger Zeit beginnt man nun auch in den USA mit der Herausbildung einer eigenständigen Beratungsfunktion für Führungskräfte durch externe professionelle Berater. Die ursprüngliche Idee des „Coachings" durch Vorgesetzte besteht in der Idee einer intensivierten Anleitung, Unterweisung, Beratung und Förderung der Mitarbeiter im Rahmen des gegebenen Führungs- und Arbeitszusammenhangs. Dabei ist – wegen der grundsätzlich anders gelagerten Beziehungsgestaltung zwischen Mitarbeitern und Vorgesetzten in amerikanischen Unternehmen – die Reichweite dieser Förderungs- und Betreuungsarbeit in die persönlichen Belange des Mitarbeiters hinein nie auf deutsche Verhältnisse übertragbar gewesen. Bei uns gelten kulturell völlig andere Grenzen zwischen Berufsleben und Privatheit, zwischen Rolle und Person als in amerikanischen Organisationen. Dennoch wurde und wird auch bei uns versucht, aufbauend auf dem Begriff „Coaching" dem Vorgesetzten eine zusätzliche Betreuungsverantwortung für die Mitarbeiter zuzuschreiben, die eng an der Nahtstelle zwischen Funktion und Person angelegt ist. Ein solches Bestreben ist verständlich, weil es im Zuge einer komplexer gewordenen Wertschöpfung deutlich wurde, daß mehr personenbezogene Fähigkeiten und Dimensionen des Mitarbeiters in den Verwertungszusammenhang der Leistungserstellung hineingeholt werden müssen. Nun bleibt der Kontakt zwischen Vorgesetzten und Mitarbeitern im Verwertungssinne solange problemlos, wie es sich um eindeutig fachliche Fragen des Arbeitsvollzugs und der Modalitäten der Leistungserbringung handelt, wie sie im klassisch guten Führungsgeschehen gang und gäbe sind. Allerdings ist ein zusätzlicher Begriff wie „Coaching" für diese normale Führungsfunktion nicht nötig und auch nicht sinnvoll. Er wurde gewählt, weil die damit angesprochene Rolle des „Coaches" sehr positiv besetzt war. Es entsteht jedoch eine irritierende Zwischenzone in der hierarchischen Beziehung, wenn der Vorgesetzte beginnt, sich in das generelle soziale Verhalten, die persönlichen Eigenarten und die individuelle Lebensführung des Mitarbeiters beraterisch „einzumischen", egal, wie gut seine Absichten sein mögen. Unter dem Begriff des „entwicklungsorientierten Führens" erwächst hier dem Vorgesetzten eine nicht ungefährliche neue Aufgabe im Rahmen der Personalentwicklung, für deren Bewältigung er in jedem Fall sehr sorgfältig ausgebildet werden müßte, weil es eine Fülle an Irritationen zu gestalten gilt. Die bisher vorliegenden Verhaltensempfehlungen zum Thema „Vorgesetzte als Coaches" beschreiben nun aber nichts anderes als lediglich die üblichen kommunikativen Sozialtechnologien, die auch für die Durchführung von Mitarbeitergesprächen gelten. Eine sorgfältige Gesprächsvorbereitung, Erwartungsklärung, Problemanalyse, Maßnahmenplanung, Betreuung bei der Umsetzung und abschließende Auswertung beschreibt schon seit den ersten Führungstrainings der siebziger Jahre das klassische problemlösende Vorgehen von Führungskräften im Kontakt zu ihren Mitarbeitern.

Insoweit bleibt nach wie vor nicht ganz klar, wo die Differenz zwischen „Mitarbeiter-Coaching" und normaler guter Führungsarbeit wirklich liegen könnte. In dem Augenblick, wo die Führungskraft die ihr vertraute und von ihr eingeübte Form der strukturierten Gesprächsführung verläßt und sich auf ein beziehungsorientiertes und personennahes Beratungsgeschehen einläßt, taucht unweigerlich das schon mehrfach genannte Problem der Beziehungskonfusion auf. Der Mitarbeiter erlebt sich in einer Beziehungsfalle, weil er weiß, daß die vom Vorgesetzten angestrebte größere Nähe und Vertrautheit letztlich doch der gesteigerten Verwertung seiner personalen Potentiale dienen soll. Der Widerspruch verkehrt die Absicht des „Mitarbeiter-Coachings" in ihr Gegenteil, der Mitarbeiter fühlt sich unbehaglich und „in der Falle", er steigt beziehungsmäßig aus und liefert im Kontakt nur noch erwartete Reaktionen ab. Dieser Effekt ist grundsätzlich nicht über noch weitere Kompetenzsteigerung des Vorgesetzten zu beheben, weil er strukturell bedingt ist. In der Hierarchie kann es keine herrschaftsfreien Kommunikationen geben. Auch wenn die Führungskraft eine regelrechte Ausbildung in Beratungsverhalten durchlaufen haben sollte, bleibt die Tatsache, daß sie in den Augen des beratenen Mitarbeiters eben weiterhin auch die Person ist, die seine Leistung bewertet und ihm Lebens- und Karrierechancen zuteilt oder nicht. Wirkliches Beratungsgeschehen wird durch diese Vermutung des betroffenen Mitarbeiters verhindert, und es bedarf einer extrem differenzierten Beziehungsklärung, wollte man dieses strukturelle Problem im Gesprächskontakt wirklich lösen. Vorgesetzte müssen hier wirklich aufpassen, daß ihnen aus dem Konzept der Mitarbeiterentwicklung nicht ein „unmöglicher Auftrag" erwächst, der darin besteht, sich als „leistungsbewertender Vorgesetzten-Wolf" im „partnerzentrierten Schafspelz des Beraters" aufführen zu sollen. Die Managementtechnologie neigt in ihrem Bestreben nach reibungsloser weiterer Inanspruchnahme auch der Psyche des Mitarbeiters verständlicherweise dazu, solche Beziehungsfallen zu übersehen oder zu negieren, weil sie ein schwieriges Problem lösen muß: Die Beeinflußbarkeit von Mitarbeitern nimmt seit vielen Jahren ständig ab, der Wertewandel hat den Zugriff auf das berufliche Handeln von Menschen sehr erschwert, die Kontrollmöglichkeiten sind zurückgegangen, gleichzeitig steigt die Notwendigkeit, nicht nur Wissen und Fertigkeiten von Mitarbeitern „einzukaufen", sondern auch Begeisterungsfähigkeit, Belastbarkeit, Durchhaltevermögen, Glaube an die Sache, Konfliktbereitschaft, Werthaltungen zum Unternehmen und dergleichen modische Konzepte mehr.

Diese Widersprüche lassen sich jedoch nicht sozialtechnologisch und individualisiert einfach dadurch beheben, daß man dem Vorgesetzten hier die Aufgabe zuteilt, in eine noch engere Beziehung zum Mitarbeiter zu treten und diesen im Sinne der komplexer gewordenen Leistungserbringung auch dann noch zu beeinflussen, wenn dessen Lebenspläne, Ideale und Wertvorstellungen in andere, ganz unvorhersehbare Richtungen gehen. „Vorgesetzte als Coaches" sind das Ergebnis einer Individualisierungsstrategie angesichts eines sehr grundsätzlichen Problems der Wirtschaftsgesellschaft. Die hierarchische Ordnung als Steuerungsparadigma stößt wegen der Komplexität von Leistungserstellungsprozessen an ihre Grenzen. Solche grundsätzlichen Fragestellungen der Wirtschaftsgesellschaft und der Organisationstheorie lassen sich aber letztlich nicht über rein individuelle Bemühungen lösen. Es wird immer wieder versucht, und der beobachtbare Effekt ist einzig der, daß Vorgesetzte sich dieser zusätzlichen und höchst problematischen Funktion zu entziehen versuchen bzw. sie in gewohnter Weise sanft umspielen. Sie behaupten vollmundig, sich selbstverständlich „als Coaches" zu verhalten, ohne daß sie ihren Umgang mit den Mitarbeitern wesentlich ändern könnten. Damit ist der Widerspruch zunächst auf kreative Weise vom Tisch, es bleibt aber das Problem der Orientierungsmängel und Wertkonflikte zwischen Unternehmen und Mitarbeitern letztlich unbearbeitet, weil es keinen Ort mehr gibt, wo er verhandelbar wäre. Der Interessengegensatz zwischen Mitarbeiter und Unternehmen kann vom Vorgesetzten durch gesteigerte Zuwendung und andere kommunikative Sozialtechnologie eben nicht verhaltensmäßig aufgelöst werden. Beratung, die den Namen verdient, kann immer nur soweit stattfinden, wie allein die Interessen des Beratenen im Spiel sind. In dem Moment, wo andere Interessen das Beratungsgeschehen beeinflussen oder wo jemand annimmt, daß dies geschieht, ist Beratung schlichtweg zu Ende, ganz gleich, ob sie vorab mit dem Begriff „Coaching" belegt wurde. Der Beratene verläßt dann in seiner inneren Haltung einfach den Beratungsmodus und zeigt lediglich anpassendes Verhalten. Daraus folgt, daß der Vorgesetzte bestenfalls solange beratend wirksam sein kann, wie eine Interessengleichheit zwischen dem beratenen Mitarbeiter und dem die Beratung verordnenden Unternehmen zu unterstellen ist. Dieser thematische Bereich ist jedoch oft sehr eng, er ließe sich nur durch umfassendere Klärungen der Unternehmensidentität erweitern. Unabhängig von der Hierarchiestufe bleibt das Thema des Kontakts zwischen Vorgesetzten und Mitarbeitern auf die engere Aufgabenerledigung im Tagesgeschäft begrenzt und ist selbst dort oft genug schon von Interessenkollisionen überlagert.

Auch hier taucht also die Frage auf, ob es Beratung eigentlich geben kann, wenn dahinter eine verwertende Absicht steht. Was die Qualität der Beratungsbeziehung betrifft, ist diese Frage eindeutig zu verneinen. Aus dieser Sicht tun Unternehmen sicher gut daran, die mit „Coaching" gemeinte Tätigkeit des Vorgesetzten nicht mehr verschleiernd zu verwörtern, sondern als das zu bezeichnen, was es ist: unternehmenszielorientierte Einflußnahme auf das Verhalten des Mitarbeiters. Diese Einflußnahme ist ja keineswegs illegitim, jeder Mitarbeiter weiß ohnehin, daß er „geführt" wird, um die Unternehmensziele realisieren zu helfen. Es bedarf also der sprachlichen Vernebelung durch den Begriff „Coaching" nicht. Was ein Vorgesetzter tut, ist praktisch immer und kraft seiner Rolle zielorientierte Einwirkung auf den Mitarbeiter und fast nie interessenfreie Beratung. Daran ändert sich auch nichts, wenn der Vorgesetzte sein Loyalitätsproblem formuliert und um Verständnis bittet: „Als Mensch kann ich Sie zwar verstehen, aber als Ihr Vorgesetzter muß ich ..."

Die durch das Konzept vom „Vorgesetzten als Coach" angestrebte Erhöhung der Betreuungsintensität zwischen Vorgesetzten und Mitarbeitern ist denn auch vielfach auf sehr praktische Weise an banalen Dingen gescheitert: Vorgesetzte haben „keine Zeit", diese intensivierte Beziehungsarbeit auch noch zu leisten. Vorgesetzte sind meist kommunikativ nicht fähig, die unterschiedlichen Beziehungsdimensionen auseinanderzuhalten. Mitarbeiter interpretieren die „Coaching"-Bemühungen ihrer Vorgesetzten (oft zu Recht) als gesteigerte Kontrollmaßnahmen und „machen dicht". Damit aber wird die Führungsbeziehung des Vorgesetzten schließlich nicht intensiviert, sondern zusätzlich belastet.

10.3 Mentoring und Sponsoring: Die Beratung im Rahmen von „Patenschaften"

In dem Versuch, die Gefahr von Beziehungskonfusionen und verschleierten Interessengegensätzen zu entschärfen, gibt es seit langem in vielen Unternehmen formelle oder informelle Patenschafts-, Mentoren- oder Sponsorenbeziehungen. Dabei sucht sich ein (junger oder neu eingetretener) Mitarbeiter eine erfahrene Führungskraft aus einem anderen Unternehmensbereich, der er nicht direkt unterstellt ist (informelle Mentoren), oder ihm wird eine solche Person zugeordnet (formelle Mentoren). Gemeinsam haben Mentor und „Schützling" nun die Aufgabe, miteinander eine Beziehung aufzubauen, die dem Mentor ermöglicht, seinen Schützling in die Welt des Unternehmens einzuführen, ihm die nötigen Rituale, Normen und Gewohnheiten zu vermitteln, ihn mit den „richtigen" Leuten bekannt zu machen und bei Fragen und Schwierigkeiten als Ratgeber und „väterlicher Freund" zur Verfügung zu stehen.

Der Mentor muß – ähnlich wie der Vorgesetzte auch – für diese Rolle die nötigen kommunikativen Kompetenzen im Sinne einer wirksamen Sozialtechnologie erworben haben. Der Spielraum des Mentors für den Aufbau einer unvergifteten, von besonderen Unternehmensinteressen weitgehend freien Beziehung, die als Basis auch für Beratungsprozesse dienen kann, ist sicher größer als beim Vorgesetzten. Doch irgendwann ereilt der strukturell angelegte Grundwiderspruch zwischen zielorientierter Einwirkung auf den Mitarbeiter einerseits und der Notwendigkeit von interessenfreier Beratung andererseits auch diese beiden: Spätestens, wenn der Schützling vertrauensvoll Dinge zum Thema macht, die zwar seiner individuellen Interessenlage entsprechen, mit den Absichten des Unternehmens aber nicht mehr konform gehen, gerät der „Mentor" in einen Loyalitätskonflikt und muß seine eigene Parteilichkeit klären. Die klassischen Beispiele für solche Themen sind z.B. die Karriereabsichten des Schützlings in Zeiten erhöhter beruflicher Mobilität. Ein junger Mitarbeiter mit Potential, der die Lektion der Flexibilität und Mobilität gelernt hat, wird „sein" Unternehmen natürlich permanent mit anderen vergleichen und sich als „Lebensunternehmer" auch anderswo nach Entwicklungschancen umsehen. Die Loyalität zum Unternehmen geht mit steigender gewollter Mobilität deutlich zurück, insbesondere in Zeiten großer Veränderungen. Schlägt sich der Mentor nun – wegen des Eigenwertes der entstandenen Beziehung zu seinem Schützling – auf dessen Seite, begeht er Verrat an seinem Auftrag, eben diesen ihm anvertrauten Menschen zu einem nützlichen Mitglied der Firmenfamilie zu erziehen. Schlägt er sich dagegen auf die Seite des Unternehmens, so verrät er zwangsläufig die entstandene Beziehung zu dem ihm Anvertrauten und hat ebenfalls seine Arbeit nicht getan. Der beratende Mentor steckt also spätestens dann wieder in der Beziehungsfalle, wenn die strukturell angelegten Interessengegensätze zwischen Mitarbeiter und Unternehmen innerhalb der geschaffenen „Beratungs"beziehung virulent werden. Dies aber ist seit einigen Jahren in verstärktem Maße zu beobachten, wodurch die Mentorenrolle auch an Bedeutung verloren hat.

Auch hier gilt also, daß der „beratungsfähige" Freiraum in der Beziehung nur soweit gegeben ist, wie Interessengleichheit zwischen Mitarbeiter und Unternehmen unterstellt werden kann. Dies war in den klassischen Zeiten unhinterfragter Wertorientierungen über weite Strecken auch noch gültig. Angehende Führungskräfte kamen in ihrem Karrierestreben gar nicht auf die Idee, Wertvorgaben des Unternehmens ernsthaft in Frage zu stellen. Da dies nicht mehr generell gilt, wird das skizzierte Problem schärfer. Auf lange Sicht ist dieser Zwickmühle nur zu entgehen, wenn auch hier die Dinge beim Namen genannt werden. Auch der Mentor ist ein Sozialisationsagent im Sinne der Firmenziele und der Firmenkultur und sonst nichts. Das ist eine sehr legitime Funktion, die nur dann anrüchig wird, wenn man sie mit Beziehungsbegriffen wie „Beratung" belegt, die aus einer völlig anderen Welt stammen und eine qualitativ andere, weil angeblich herrschaftsfreie Beziehung vorgaukeln. In diesem Sinne zeigt sich die Verwendung des Begriffs „Coaching" auch hier als ein verschleierndes Sprachspiel.

10.4 „Coaching" mit Gruppen?

Wenn Beratung unter dem Begriff „Coaching" mit einzelnen Personen durchgeführt wird, warum dann nicht auch mit Gruppen? Sicherlich ist es doch denkbar, daß mehrere Personen ein ähnliches Lernanliegen oder eine ähnliche Problemlage haben, warum also nicht diese Personen zusammenfassen und mit einem Berater oder „Coach" (sei er nun extern, intern, Mentor oder Vorgesetzter) in Kontakt bringen, der mit diesen Menschen an ihren Themen, Fragestellungen oder Schwierigkeiten arbeitet?

Es gibt Berater, die ein „Coaching" von Personenmehrheiten unter unterschiedlichen Überschriften („Gruppen-Coaching", „Team-Coaching", „Abteilungs-Coaching", „System-Coaching") betreiben und propagieren. Die Frage, die dabei naturgemäß auftaucht, ist die nach der Differenz einer solchen Veranstaltung zu gängigen und etablierten gruppenbezogenen Arbeitsformen wie Seminar, Training, Teamentwicklungsworkshop, Teamsupervision, Organisationsentwicklung oder Systemische Organisationsberatung. Die Frage wurde in den ersten Jahren der „Coaching-Welle" noch strittig beantwortet, sie ist im wesentlichen eine Frage nach dem Sinn und den Motiven von Wortschöpfungen geblieben. Wesentlicher erscheint, was den Inhalt von personenzentrierter Beratung ausmachen kann, wenn mehrere Personen zusammenkommen. Ist dann noch die gleiche Form des Lernens unter vier Augen möglich? Wie verändert sich das Aufgabenfeld des Beraters? Sind gerade die Qualitäten, die eine Einzelberatung ausmachen, dann noch gegeben? Oder landen wir dann tatsächlich im hinreichend bekannten Tätigkeitsfeld der „Gruppenarbeit" bzw. der Teamentwicklung in all ihren etablierten Spielformen?

Was die originäre und individuelle Beratungssituation kennzeichnet, ist – so hatten wir in früheren Kapiteln herausgearbeitet – die Qualität der Beziehung zwischen Klient und Berater. Sie erst macht es dem Klienten möglich, eine ganze Bandbreite von sehr persönlichen Themen auch von der intensiveren Art lernträchtig und problemklärend im Dialog zu bearbeiten.

Beratung ist in diesem Sinn die Etablierung einer Beziehung von im Management sonst ungewohnter Nähe, Intimität, Herrschaftsfreiheit, emotionaler Intensität und gleichzeitig angstreduzierender Neutralität. Diese besondere Beziehung ermöglicht eine Beratungsarbeit, die für die im Management typischerweise anzutreffenden Problemlagen im Spannungsfeld von Rolle und Person ausgesprochen hilfreich ist. Gerade dafür wurde diese Beziehung ja – unter Anwendung von Beziehungskonzepten aus anderen Arbeitsfeldern – in die Subkultur „Management" importiert. Diese Beziehung ist dort lange neu gewesen und wurde schnell als wertvoll und damit ausbeutbar erlebt. Sie unterliegt deswegen seit Jahren einer Fülle von absichtsvollen oder naiven Verwechslungen mit anderen, ähnlichen oder verwandten Beziehungsformen. Coaching wurde zum Allerweltsbegriff und zum wieselartigen Modewort. Untersuchen wir also, was geschieht, wenn wir diese Art der besonderen Beziehung in Personenmehrheiten herzustellen versuchen und dabei im Kontext von Organisationen und Management verbleiben. Wenn wir mehrere Personen in eine Beratung einladen, entsteht zunächst wieder eine völlig neue Beziehungssituation, die von allen Beteiligten im Rahmen ihrer Orientierungsbemühungen verstanden werden will und in ihren Eigenschaften, Möglichkeiten und Begrenzungen eingeordnet werden muß, damit sie überhaupt gelebt werden kann. Dieses Thema wurde in den gruppendynamischen Labors der siebziger Jahre hinreichend untersucht. Solange nicht klar angegeben werden kann, was diese Beziehungsqualität in einer „Beratungsgruppe" originär ausmacht, entstehen erneut Verwechslungsmöglichkeiten zuhauf, und sie entstehen zu Recht. Dann wäre in der Wahrnehmung der Teilnehmer zunächst einmal das, was „Gruppen-Coaching" oder ähnlich heißt, tatsächlich nichts anderes als ein Seminar, ein Workshop, eine Selbsterfahrungsgruppe, eine Supervisionsgruppe, eine Trainingsgruppe oder eine Klausurtagung. Oder handelt es sich – was allerdings höchst fatal wäre – um Einzelberatung unter Zeugen, also eine

Aktivität, bei der das Gebot der Vertraulichkeit verletzt würde? Worin liegen dann noch die Gewinne, die Arbeitsprinzipien von Beratung auf Gruppen zu übertragen?

Die Themen in der Einzelberatung sind definitionsgemäß Fragestellungen und Problemlagen von Führungskräften im Zusammenhang mit ihrer Fähigkeit oder Unfähigkeit, als Person die Anforderungen einer Rolle zu füllen. Es sind zunächst individuelle Themen. Solche gehören nur dann in eine Gruppensituation, wenn dort sichergestellt ist, daß die Anwesenheit anderer Teilnehmer das Lernen und Arbeiten des einzelnen nicht behindert. Diese Forderung ist um so wichtiger, wenn eine Führungskraft während der Beratungsarbeit aus ihrer Rolle heraustritt und sich als Person dem ungewohnten Zustand der Unsicherheit und des Lernens aussetzt. Dieses hochverdichtete Lernklima in einer Gruppe sicherzustellen erfordert eine sehr langwierige und intensive Aufbauarbeit entlang den Beziehungen mit allen Beteiligten. Die einzigen drei Modelle dafür sind aus meiner Sicht die Selbsthilfegruppen von Menschen, die alle an dem gleichen Problem arbeiten bzw. von der gleichen Schwierigkeit betroffen sind, die langfristig angelegten Selbsterfahrungsgruppen und die Lerngruppen im Rahmen von therapeutischen, beraterischen oder pädagogischen Ausbildungen.

In der Welt des Managements wäre eine solche personenzentrierte Arbeit mit dem einzelnen in einer Gruppe von „Peers" (gleichrangigen Mitarbeitern) nur denkbar, wenn die Risiken der Rollengefährdung für jedes Mitglied extrem reduziert würden. Es wäre also eine ausgesprochen intensive Vertragsarbeit nötig, um überhaupt die erforderlichen Arbeitsbündnisse herzustellen. In dem Maße, in dem das nicht gelingt, reduzieren sich die Lernmöglichkeiten des einzelnen Gruppenmitglieds, und es entsteht die „Trainingsgruppe für ungefährlich zu lernende Verhaltensweisen" bekannten Zuschnitts. Angesichts des hohen Aufwandes, der zur Herstellung eines so tragfähigen Lernfeldes getrieben werden müßte, taucht mit Recht die Frage auf, ob jemand, der aufgrund seiner massiven Problematik zu diesem Aufwand bereit wäre, seine Lernbedürfnisse nicht ohnehin in einer langfristig angelegten Selbsterfahrungsgruppe erfüllen kann. „Coaching" als rollenbezogene und personenorientierte Einzelberatung von Führungskräften ist ja seinerzeit genau deswegen „erfunden" worden, um personenzentrierte Arbeitsformen auch für Führungskräfte niedrigschwelliger, anschlußfähig und damit überhaupt verfügbar zu machen. Wenn dieser Kompatibilitätsaufwand aber wegen der notwendigen Herstellung eines Lernklimas für eine ganze Gruppe zu groß wird, ist es für die einzelne Führungskraft sicher sinnvoller, als Individuum sofort den Grenzübertritt in die psychosoziale Lernwelt personenbezogener Problembehandlung zu bewältigen und dort intensiv mit anderen Peers über sich selbst zu lernen.

Ein gruppenbezogenes „Coaching" könnte sich höchstens noch auf die realen (Arbeits-)Beziehungen einer auch im Alltag kooperierenden Gruppe richten oder im Sinne von „Management-Fallbesprechung" die schwierigen Führungssituationen der potentiellen Teilnehmer mit Dritten zum Gegenstand haben. Klient der Beratung ist im ersten Fall die Gruppe, im zweiten Fall wird der jeweilige Protagonist mit seinem „Fall" vorübergehend zum Klienten der Gruppe. Beide Varianten sind unter anderen Überschriften bereits mehr oder weniger etabliert, etwa im Rahmen von Projektsupervision.

Eine Gruppenberatung, bei der eine existierende Arbeitsgruppe mit ihrer täglichen Wirklichkeit – wie in einer Teamentwicklung – zum Klienten wird, würde – analog zur Einzelberatung – eine sonst nicht gekannte Beziehungsqualität entwickeln, in der mehr und anderes an Lernen möglich ist als in einer „üblichen" Maßnahme zur Teamentwicklung. Hier taucht allerdings die Frage nach dem Anlaß und dem Bedarf für ein derartig intensives gruppenbezogenes Lernen im Kontext von Management auf, das durch Teamentwicklungsarbeit bisheriger Art nicht abgedeckt wäre. Die Besatzung einer Raumstation wäre eine vielleicht denkbare Zielgruppe, die willig wäre, sich einem so intensiven Lernerlebnis auszusetzen, weil sie extrem aufeinander angewiesen ist. Mir ist allerdings in der gesamten fachlichen Diskussion bisher keine Bedarfsmeldung oder Problematik aus dem Management bekanntgeworden, die nicht mit dem vorhandenen und ausgearbeiteten Instrumentarium professioneller Teamentwicklungsarbeit bearbeitbar wäre. Im Gegenteil, in vielen Fällen übersteigt die für Teamentwicklung nötige emotionale Verdichtung bereits das Aushaltbarkeitsniveau der beteiligten Führungskräfte bei weitem.

Die zweite der oben genannten Varianten lehnt sich an die etablierte Praxis von Fallbesprechungsgruppen bei Ärzten, Therapeuten, Sozialarbeitern oder Lehrern an und benutzt den auch dort gängigen Begriff „Fallsupervision" für die Zielgruppe der Manager. Solche Gruppen sind vereinzelt entstanden, wenn sie wirksam waren, entwickelten sich die Mitglieder sehr rasch aus dem Kontext von Management heraus und gingen andere Lebens- und Karrierewege. Die Intensität des Lernens hat auch hier die Möglichkeiten der Subkultur Wirtschaft schnell hinter sich gelassen.

10.5 Eingeschränkte Formen von Beratung

Immer, wenn ein vielversprechender neuer Begriff im Management auftaucht, gibt es natürlich das Bestreben von Anbietern, einen solchen Begriff zu „besetzen", das ist nichts anderes als ein Gebot des Dienstleistungsmarketings. Dem „Coaching" erging es nicht anders, und da begriffliche Redlichkeit nicht gerade zu den kaufmännischen Tugenden gehört, mehren sich inzwischen die Stilblüten solcher Besetzungsversuche. Da gibt es

„Einzelcoachings für Verkäufer", die nichts anderes sind als die gute alte Außendienstbegleitung mit anschließendem „Bordsteingespräch", die schon seit vielen Jahren zu den etablierten Arbeitsformen im Verkaufstraining zählt. Da werden PC-Unterweisungen als „EDV-Einzelcoachings für Führungskräfte" angeboten, Zeitplanungsseminare heißen inzwischen „Persönliches-Effizienz-Coaching" und was dergleichen Entartungen mehr sind. Begrifflich läßt sich ohne große Not jede instruierende Maßnahme, jedes Gespräch, jeder Kontakt, jede Art von Unterricht und Anleitung bereits als „Coaching" bezeichnen. Wenn demnächst ein Sachbearbeiter von dem Lieferanten des Fotokopierers am neuen Gerät eingewiesen wird, haben wir es wahrscheinlich dann mit einem – selbstverständlich extra berechneten – „Einzelcoaching für operatives Informationsmanagement" zu tun.

Die Verwendung dieses Wortes wurde zu nichts anderem als bloßer Begriffshuberei, weswegen in diesem Buch auch der Rückgriff auf den weniger „schicken" Begriff der Einzelberatung gewählt wurde.

In der vielfältigen Landschaft des Lehrens, Lernens und Beratens können wir – um solide zu bleiben – eine Unterscheidung danach treffen, welche Teile einer Person mit der jeweiligen Lern- oder Beratungsaktivität angesprochen werden:

- Geht es um ein rein kognitives Aufnehmen von Wissen, wie z.B. bei einem Lehrgang über Unfallverhütung oder Arbeitsrecht?

- Geht es um eine Verhaltensfertigkeit im Umgang mit Sachen, wie z.B. beim Einschrauben einer Glühlampe, beim Klavierspielen, Fahrradfahren, Maschinenbedienen?

- Geht es um das Verhaltensrepertoire im Umgang mit Menschen, wie z.B. beim Verkaufen, beim Verhandeln, Führen, bei Teamarbeit oder der Präsentation von Ideen?

- Geht es um die Klärung von Einstellungen, Normen und Werten im Verhältnis zur Umgebung, wie bei der Kindererziehung, der Unternehmenskultur, dem Qualitätswesen oder der Wirtschaftsethik?

- Geht es schon gar nicht mehr um Lernen im Sinne der Akquisition neuer Fertigkeiten und neuen Wissens, sondern um die nachvollziehende Aufarbeitung vergangener Erfahrungen und um das „Weglernen", wie z.B. bei der Entwöhnung von Alkohol, Zigaretten, Drogen, bei der Auswertung von Katastrophen oder von Flops im Marketing?

- Geht es um die komplexe Verarbeitung leidvoller individueller Erfahrungen, wie in Fällen von Tod, Trennung, Kündigung, die sich sowohl kognitiv als auch emotional und verhaltensorientiert vollzieht?

- Geht es gar um Sinnfragen, wie bei der Suche nach einer religiösen oder spirituellen Orientierung?

Unterschiedliche Lernanlässe fordern unterschiedliche Lernaktivitäten, die uns als Person in unterschiedlichem Ausmaß involvieren. Der Einzelberater ist ein Lernhelfer für solche Lernaktivitäten mittlerer Intensität, bei denen wir die bewußt und sorgfältig hergestellte besondere Beziehung gut gebrauchen können. Das sind Lernaktivitäten, die neben dem Denken mindestens unsere Emotionalität, oft auch unseren Umgang mit anderen und unsere Werte samt unserer Orientierung in der Welt betreffen. Und natürlich alle nachgelagerten, aufarbeitenden Lernaktivitäten, bei denen die sonst sehr geschützten und verborgenen Teile unseres Denkens, Fühlens und Verhaltens zum

Vorschein kommen sollen, damit wir uns gemeinsam mit einem anderen auswertend und verstehend mit ihnen befassen können.

Alle anderen, diesen intensiveren Lernaktivitäten „vorgelagerten" Lernstufen, die „nur" unseren Intellekt und/oder unser Verhaltensrepertoire im Umgang mit Sachen betreffen, benötigen die besondere Beziehung zu einem Einzelberater nicht unbedingt.

Demzufolge können wir in einem eingeschränkten Sinne noch von Einzelberatung reden, wenn eine Führungskraft im Einzeltraining sich mit neuen Verhaltensweisen vertraut macht, die auch eine emotionale Komponente haben. Das gilt z.B. für das rhetorische Einzeltraining mit und ohne Videokamera. Das gilt aber z.B. auch für eine Einzelberatung zum Thema „Umgang mit der Zeit" oder „Wie organisiere ich meine Arbeit", wenn dabei nicht nur Techniken verkündet und eingedrillt, sondern auch die dem Verhalten zugrundeliegenden emotionalen Muster, Abneigungen und Vorlieben, Gewohnheiten und Befürchtungen kompetent bearbeitet werden. „Vermittlung von Fertigkeiten mit Berücksichtigung der persönlichen und emotionalen Anteile" könnte als Überschrift über diesen eingeschränkten Formen der Einzelberatung stehen.

Der Berater wird hier aus mehreren Gründen gebraucht: Zum einen geht es um die mit dem Lernen selbst verbundene Rollengefährdung, die den Betroffenen veranlaßt, sich in den erhöhten Schutz der beraterischen Beziehung zu begeben. Die Diskretion ist dabei zwar oft der vordergründige, aber nicht einmal der wesentliche Einflußfaktor. Es geht vorwiegend um das durchzustehende Gefühl von Unsicherheit, das für den Inhaber einer Managerrolle wirklich ungewohnt ist und deswegen auch thematisiert werden muß. Zum anderen geht es darum, daß das zu lernende Verhalten auch „emotional und einstellungsmäßig abgesichert" wird.

Wenn der Entwicklungsingenieur mit zum Kunden gehen soll, dann ist er dafür in den wenigsten Fällen von Anfang an sozial kompetent. Als Entwickler zieht er es normalerweise vor, sich in die ihn interessierenden technischen Komplexitäten zu versenken und an Problemen herumzutüfteln. Verhandeln ist seine Sache nicht unbedingt, er neigt dazu, den Kunden mit zu vielen Details zu versorgen, anstatt auf die Kaufentscheidung hinzuarbeiten. Im bloßen Verhaltenstraining würde er – gutwillig, wie er ist – zwar alles brav einüben, was der Trainer ihm an Verhalten empfiehlt. Doch dies „paßt" nicht zu ihm, es wirkt aufgesetzt und fassadenhaft. In der Beratung wird daran gearbeitet, welches Bild er vom Kunden hat, was Kunde und Verhandlungssituation bei ihm auslösen, welchen Sinn er darin sieht, dort hinzugehen. Ihm wird klar, daß seine Weltsicht nur eine Möglichkeit ist, mit der Realität zurechtzukommen. Er entwickelt aus seiner Gefühlslage seine spezifischen Formen, Verhandlungssituationen zu gestalten. Er bearbeitet auch den kleinen Schmerz, der darin liegt, daß er beim Kunden nicht alle Details in aller Sorgfalt, Differenzierung und Perfektion ausbreiten kann. Er lernt seine Verlegenheit in Kontaktsituationen kennen und seine subtile Angst in Konflikten. Er lernt, seine Sicherheit nicht allein aus unumstößlicher Expertengewißheit zu beziehen, sondern aus dem Gefühl, als Person in der Welt willkommen zu sein. Er lernt behutsam und genau, in den ihm gewohnten Formen und in dem ihm bekömmlichen Tempo ...

Diese Form der Einzelberatung von Führungskräften ist eine Begleitung bei „persönlich bedeutsamem Lernen" und hilft, wenn dies wirklich wichtig ist, Lernerfahrungen mit der bisherigen Identität zu verkoppeln, sowohl in der Rolle als auch in der Person. In diesem Sinne gehören die eingeschränkten, trainingsorientierten Formen des „Coachings" zu den Lernveranstaltungen, die aus verschiedenen Gründen eine Beziehung besonderer Qualität brauchen.

Um sich zeigen zu lassen, wie man eine Tagesordnung für ein Meeting aufstellt, braucht man keinen „Coach". Aber auch ein Berater kann jemandem im Rahmen der Beratung durchaus zeigen, wie man eine Tagesordnung für ein Meeting aufstellt, sofern dieses Know-how zufällig in seinem Vorrat an Expertenwissen vorhanden sein sollte. Wenn nicht, dann sollte er wenigstens jemanden kennen, der weiß, wie man eine Tagesordnung für ein Meeting aufstellt. Und hinterher mit seinem Klienten daran arbeiten, wie es diesem angesichts von soviel Ordnung denn ergangen ist, wo er doch die Freiheit und Spontaneität so liebt und das entstehende Chaos in Kauf nimmt. Schließlich war sein Vater Oberamtssekretär, und schon als kleiner Junge hat er sich immer vorgenommen, kein solcher bürokratischer Pedant zu sein. Und nun sowas ...

Kapitel 11
Einzelberatung als Standardangebot betrieblicher Personalentwicklung

11.1 Der personalwirtschaftliche Hintergrund

Die vorliegenden Tendenzaussagen über gesellschaftliches Geschehen zum Ende dieses Jahrhunderts zeigen: Noch nie hat sich so viel so schnell in einer Gesellschaft geändert. Nicht von ungefähr wurde „Chaos" zum interdisziplinären Forschungsgegenstand. Die beruflichen und privaten Lebensentscheidungen müssen von den Menschen in einer Situation nie gekannter Unübersichtlichkeit getroffen werden. Die Orientierung über Ziele, Werte, Zukunft nimmt generell ab. In der Wirtschaft reden wir inzwischen formelhaft von der zunehmenden Komplexität oder dem „white water" und führen Globalisierung, technologische Sprünge, politische Umwälzungen, ökologische Notwendigkeiten und den berühmten „Wertewandel" als Kenngrößen an, auf die es zu reagieren gilt. Es ist alles sehr kompliziert geworden. Die Menschen bewältigen diese fundamental neue Situation mit ganz unterschiedlichen Verhaltensmustern: Neben dem Festhaltenwollen und der Rückbesinnung auf Traditionen, der wieder aktiven Suche nach Sinn und Orientierung, dem Sich-Zusammenfinden in gesellschaftlich kleinen und überschaubaren „Subwelten", neben verstärktem passivem Konsum und steigender Ablehnung alles Fremden finden wir auch: Experimentieren mit anderen Formen von Lebensstilen, technologisches Pionierverhalten, viele Unternehmensgründungen, verstärkte biographische Initiativen in der Gestaltung der eigenen Karriere.

Die Beschäftigungsrisiken nehmen zu, auch für obere Führungskräfte gilt inzwischen, daß eine eventuelle manageriale Minderleistung schneller am Markt erkennbar wird. Gleichzeitig sind die Möglichkeiten seltener geworden, als besorgte und gefährdete Person noch irgendwo „aufzutanken" und sich wieder Klarheit und Orientierung über sich selbst und die eigenen Handlungsoptionen zu verschaffen. Es ist weniger Beziehungsqualität in der Gesellschaft vorhanden, gleichzeitig wird mehr Beziehungsqualität gebraucht. Wir haben auch in schwierigen Zeiten immer nur uns selbst und einander. Die letztlich einzige Stelle zum Wiedergewinnen von Energie sind Personen, zu denen sich Führungskräfte noch wirksam und nahrhaft in Beziehung setzen können. Diese Personen sind im normalen Umfeld von Managern nicht mehr automatisch und in ausreichender Zahl verfügbar.

Unter derartig erschwerten Bedingungen noch leistungsfähige Führungskräfte sind selten, sie sind ausgesprochen wertvoll gewordene Ressourcen für die Kernmannschaft eines Unternehmens. Der Wettbewerb am Markt für Talente wird schärfer. Gleichzeitig hinken die Qualifizierungsprozesse des Bildungssystems dem betrieblichen Qualifikationsbedarf weit hinterher, so daß die Unternehmen auch zukünftig sowohl für die von ihnen benötigte Qualifikation der Führungskräfte als auch für deren energetische Wiederaufladung und emotionale Pflege sorgen müssen. Führungskräfte mit persönlichen Problemen erbringen wenig Leistung. Führungskräfte, die nicht permanent als Personen lernfähig bleiben, können die raschen und drastischen Rollenveränderungen nicht bewältigen, die von ihnen in den Zeiten intensiven Wandels verlangt werden. Deswegen hat trotz knapper Mittel das „Management Development" Hochkonjunktur. Und es ist klar geworden, daß diese Arbeit nicht als „Menschentechnologie" zu betreiben ist. Wer die Führungskräfte der Zukunft nicht bei ihren Wünschen, Sorgen und Befindlichkeiten abholt, der wird bei ihnen dauerhaft auch keine neue Energie mobilisieren können. Man kann sich leider in den Personalabteilungen nicht mehr ohne weiteres darauf verlassen, daß die Lebensmodelle der nachwachsenden Führungskräfte in ihren Familienstrukturen und die Arbeitsangebote der Unternehmen wie früher automatisch zusammenpassen. Das Karriere-Familie-Dilemma von Frauen, die Mobilität von Führungskräften, die Identifikation mit vorhandenen Unternehmenskulturen, die Revitalisierung von Kreativität bei den Fünfzigjährigen, die notwendige Neubestimmung von dem, was „Leistung" ist, und die Frage, wie man nach erfolgtem Personalabbau die verbliebenen Mitarbeiter wieder glaubwürdig motivieren kann: Beispiele dafür, was die Personalfachleute in Umbruchzeiten beschäftigt.

In der Wahrnehmung dieser zusätzlichen Aufgaben entstand in vielen Unternehmen seit einigen Jahren ein normal gewordenes, handwerklich ordentliches System von Personalentwicklungsmaßnahmen, das jenseits aller Heilserwartungen und Exotik dafür sorgt, daß Führungskräfte und Mitarbeiter qualifiziert, lernfähig, orientiert, interessiert und handlungsfähig bleiben. Motivation aufrechtzuerhalten und Orientierung zu erneuern, das ist weniger und weniger eine Frage von pädagogischem Feuerwerk, sondern eine Frage nach den Möglichkeiten, wie Führungskräfte sich als Personen in ihren anstrengenden Rollen emotional und im Kontakt lebendig halten können. Wer physisch, intellektuell, emotional, sozial und wertmäßig ausgelaugt ist, muß nun auch in der Arbeitswelt Möglichkeiten zum „Auftanken" finden. Dies um so mehr, als die gesellschaftlich früher dafür zuständig gewesenen Instanzen langsam von der Bildfläche verschwunden sind bzw. nicht mehr funktionieren. Die Bemühungen um „Unternehmenskultur", die vielfältigen Angebote zur Sinnvermittlung, der verstärkte Einsatz von Trainings zur „Persönlichkeitsentwicklung" zeigen – bei aller im Einzelfall zu kritisierenden Abgehobenheit und bei allen Zweifeln an den Transfermöglichkeiten – sehr deutlich den Bedarf.

Ein so veränderter Umgang mit der wertvoller gewordenen Ressource „Mensch" ist nur möglich, wenn – ökonomisch gesehen – Personalentscheidungen grundsätzlich als Investitionsentscheidungen begriffen werden, die langfristig angelegt und mit erheblichen Risiken behaftet sind. Wie alle Großinvestitionen erfordern sie Planung und regelmäßige „Pflege und Wartung". Das ist die Stelle, wo aus Unternehmenssicht die Einzelberatung von Führungskräften ins Spiel kommt.

Viele Unternehmen haben die Erfahrung gemacht, daß Bildungsveranstaltungen und Trainingsmaßnahmen nicht mehr ausreichen, um den gerade beschriebenen Hintergrundphänomenen zu begegnen. Gleichzeitig wurde deutlich, daß mit weiteren Trainings und immer abgehobeneren Seminarveranstaltungen die Transferprobleme in die betriebliche Welt unüberwindbar wurden. Angesichts sich rasch ändernder Unternehmensstrategien mußte erneut darüber nachgedacht werden, wie die Qualifikation der Zukunft heute produziert werden kann, ja, wie diese überhaupt beschaffen sein soll. Diese Wirkungen haben in den achtziger Jahren eine intensive und fundamental neu konzipierte Beschäftigung mit dem „Faktor Mensch" ausgelöst, ähnlich wie das zu Beginn der fünfziger Jahre schon einmal geschah. Damals ging es noch um das Problem, zu Mitarbeitern eine andere als die gewohnte Kommandobeziehung aufzubauen. Das Ergebnis war seinerzeit die gesamte Führungsproblematik, die die Wirtschaft etwa dreißig Jahre beschäftigt hat. Heute sind die Auslöser andere, aber der Effekt ist ähnlich: neue personalwirtschaftliche Instrumente entstehen, die viel mit Betreuung und Beratung, aber kaum noch etwas mit Verwaltung zu tun haben.

11.2 Die Einzelberatung als Standardverfahren der Personalentwicklung zu verschiedenen Anlässen

11.2.1 Orientierung neuer Mitarbeiter

Die Einzelberatung wurde unter dem modischen Begriff „Coaching" zu einem dieser neuen personalwirtschaftlichen Instrumente und ist als Instrument nicht eben leicht handzuhaben. Das beginnt bereits beim schwieriger gewordenen Eintritt in das Unternehmen. Unter Beachtung der beschriebenen Schwierigkeiten mit Beratungsprozessen und Beziehungsfallen muß das Personalwesen dafür sorgen, daß neu eintretende angehende Führungskräfte den „Anschluß" an die Unternehmenswirklichkeit finden, ein Phänomen, mit dem man sich früher praktisch überhaupt nicht auseinandersetzen mußte. Dies kann – entsprechende Langzeitorientierungen vorausgesetzt – über Mentoren geschehen, sofern diese bereit und fähig sind, als Vermittler von Unternehmensorientierung zu fungieren, und sofern sie darauf achten, nicht in Beziehungsfallen zu geraten. Personenbezogene Orientierungsprobleme jenseits der engeren Unternehmenssphäre gehören – das ist im letzten Kapitel dargelegt worden – allerdings nicht in die Beziehungsachse zum Mentor, sie bleiben der Arbeit mit dem externen Berater vorbehalten. Dieser kann als einziger die nötige Neutralität anbieten, um wirklich eine tragfähige Beziehung zu der betroffenen Nachwuchsführungskraft aufzubauen, auf deren Basis dann deutlichere und umfassendere Reflexionsprozesse über die neue Arbeit, den geltenden Begriff von „Leistung" und die noch unbekannten Mechanismen von „Aufstieg" möglich sind.

Dies setzt allerdings voraus, daß das Unternehmen gar nicht erst versucht, den externen Berater in seinem Beraterverhalten in irgendeiner Zielrichtung zu binden, sondern vielmehr akzeptiert, daß er einzig und allein der Wirksamkeit der Beziehung verpflichtet bleibt. Denn nur dann wird die Karriereentscheidung des betroffenen Klienten wirklich fundiert und dauerhaft sein können.

Es handelt sich um eine der bekannten Paradoxien: Nur, wenn das Unternehmen auf inhaltliche Kontrolle etwa einer Karriereberatung verzichtet, hat die Karriereberatung überhaupt eine Chance, im Sinne des Unternehmens zu enden. In dem Moment, wo versucht wird – sei es über ein ausgeweitetes Mentoring, sei es über eine inhaltliche Zielbindung des externen Beraters –, auf den Beratungsprozeß inhaltlich Einfluß zu nehmen, ist schnell die Beziehung gestört und die Beratung umsonst gewesen. Für Unternehmen sind diese handlungstheoretischen Zusammenhänge manchmal noch schwer zu verstehen, sie verfahren oft immer noch nach der Devise „Wer die Musik bezahlt, bestimmt, was gespielt wird".

11.2.2 Förderungsmaßnahmen

Im Anschluß an Assessment Centers oder interne Potentialanalysen bzw. im Zusammenhang mit Management-Audits entsteht häufig Beratungsbedarf. Die Führungskraft ist einige Jahre im Unternehmen, hat ihre erste Orientierung gefunden und wird als förderungswürdig betrachtet. In der Potentialanalyse versucht das Unternehmen herauszufinden, an welchen Stellen man weiter in diese Person und ihre Qualifikation investieren sollte. Im Zuge der häufiger gewordenen Umstrukturierungen geht es darum, für neu konfigurierte Managementrollen die geeigneten Kandidaten über ein Management-Audit herauszufinden. Nicht selten werden dabei Eigenheiten der Person sichtbar, Verhaltensmuster, veränderungsbedürftige Sichtweisen. Hier kann die Einzelberatung eingesetzt werden, um nachbereitend zu klären und vorbereitend nächste Entwicklungsschritte herauszufinden. Allerdings liegt hier ein personalpolitisches Arbeitsfeld von subtiler Sprengkraft vor: Einerseits gilt es, die Autonomie des Betroffenen zu wahren und nicht etwa mit der Vorstellung zu arbeiten, er müsse vom Berater nun im Sinne des Unternehmens „feinjustiert" werden. Andererseits muß die enge Anbindung an die Möglichkeiten und Maßnahmen der Personalentwicklung und an die Bereitschaft der Linienvorgesetzten gewahrt bleiben. Der Berater muß hier auf sehr behutsame Weise die Beziehung neutral und „sauber" halten und darf gleichzeitig die personalpolitische Handlungsmöglichkeit der unternehmensinternen Entscheider in Personalwesen und Linie nicht blockieren. Freiwilligkeit des Betroffenen, Schweigepflicht des Beraters und die hinreichende Transparenz des Verfahrens bilden gewissermaßen ein magisches Dreieck von Einflüssen, die mit Sorgfalt gestaltet sein wollen.

Der junge Gruppenleiter hatte nach dem Assessment Center die üblichen Fördergespräche mit seinem Vorgesetzten und dem Personalentwickler absolviert. Dabei war deutlich geworden, daß er fachlich hervorragend war und auch seine Gruppe offenbar gut führte. Vom Ergebnis des Assessment Centers her wollte das Unternehmen weiter in ihn investieren. Mit seinem Vorgesetzten allerdings kam er nicht zurecht: Er fand ihn viel zu ungeduldig, erlebte sich als wenig gehört und oft überfahren. Der Vorgesetzte hingegen beschrieb diesen Mitarbeiter als „etwas lahm" und „nicht konfliktfähig". Sie hatten mehrfach miteinander über ihre Schwierigkeiten gesprochen, waren sich aber nicht näher gekommen. Im Assessment Center war deutlich geworden, daß der Gruppenleiter ein fähiger Teamarbeiter war, auch aus einer zugewiesenen hierarchischen Position heraus führen konnte, in der Auseinandersetzung mit anderen dominanten Personen hingegen ein manipulierendes Verhaltensmuster der „passiven Aggressivität" entwickelte. Der Betroffene stimmte dem Vorschlag des Personalentwicklers zu, mit einem externen Coach zu klären, was es mit der Beziehungsstörung zu seinem Vorgesetzten auf sich habe. Langfristig vorzubereitende Job-Rotation-Maßnahmen im Rahmen der weiteren Personalentwicklung setzten voraus, daß beide miteinander ihre Positionen und Erwartungen klären mußten. Im Coaching stellte sich heraus, daß der junge Mann diesen Vorgesetzten „absolut nicht ausstehen" konnte, und er erzählte dem Coach, daß er, wenn nicht bald eine Versetzung käme, das Unternehmen verlassen werde. Dies wollte er aber weder seinem Vorgesetzten noch dem Personalentwickler mitteilen. Er wollte dem Unternehmen „eine Chance geben" und warten, wie es reagieren würde.

Was sollte der externe Coach tun?

Dem Personalentwickler einen „Wink geben"?

Eine moderierte Beziehungsklärung zwischen Vorgesetztem und Gruppenleiter arrangieren?

Mit dem Gruppenleiter an seiner „Autoritätsproblematik" arbeiten?

Ihm seinen Entschluß ausreden?

Ihn ermuntern, seine Haltung mit dem Personalentwickler zu besprechen?

Mit ihm seine Form der „passiven Aggression" weiter thematisieren, mit der er in Konfliktlagen operierte?

Der Coach sagte zu seinem Klienten folgendes: „Indem Sie Ihre Haltung zwar mir mitteilen, nicht aber dem Unternehmen, entsteht zweierlei: Zum einen zeigen Sie einmal mehr die mehrfach besprochene Verhaltensweise, sich aus Konflikten herauszuhalten und die Situation so zu arrangieren, daß der jeweils andere die Verantwortung für die weitere Entwicklung allein tragen muß. Zum andern stellen Sie die Arbeitsbasis in Frage, auf der wir hier zusammensitzen. Ich kritisiere Ihr Verhalten nicht, es ist eine von vielen möglichen Formen, in Konfliktlagen vorzugehen. Ich glaube allerdings nicht, daß diese Verhaltensweise in diesem Unternehmen für Führungskräfte funktional ist. Dort wird im allgemeinen aggressiver vorgegangen. Und ich bin als Coach nicht bereit, in dieses Dreier-Arrangement zwischen dem Unternehmen, Ihnen und mir einzusteigen. Ich werde dieses Coaching, das die Firma bezahlt, nicht dafür verwenden herauszufinden, ob die Situation, die zu diesem Coaching geführt hat, überhaupt noch besteht. Ich werde die Arbeit mit Ihnen deshalb beenden. Die nächste Sitzung ist unsere Schlußsitzung, wo wir das und unsere Beziehung noch einmal besprechen können. Ich glaube, Sie haben zwei Möglichkeiten: entweder Sie bleiben in diesem Unternehmen, dann werden Sie vermutlich noch weit intensiver über sich selbst lernen müssen, oder Sie suchen sich ein anderes, weniger dominantes und konfliktträchtiges Arbeitsfeld, das besser zu Ihrem derzeitigen Verhaltensmuster paßt. Wenn Sie selbst mich auf eigene Kosten als Coach engagieren wollen, um an dieser Karriereentscheidung zu arbeiten, müssen wir ggf. später ein neues Arbeitsbündnis entwickeln. Falls Sie sich entscheiden, in dem Unternehmen zu bleiben, würde ich Ihnen allerdings empfehlen, an Ihrer Konfliktfähigkeit mit Hilfe eines Psychotherapeuten zu arbeiten, Coaching ist vermutlich nicht ausreichend, um lernwirksam mit solchen lebensgeschichtlich erworbenen und tiefsitzenden Reaktionsbildungen umzugehen. Dem Unternehmen würde ich für diesen Fall vorschlagen, Ihnen die Teilnahme an einem intensiven Konflikttraining zu finanzieren."

Der junge Mann verließ – sichtlich „beleidigt" – die Sitzung. Beim nächsten Termin bat er – nachdem alles noch einmal besprochen war – um die Adresse eines Therapeuten. Wenig später erzählte der Personalentwickler, daß es zwischen dem Betroffenen und seinem Vorgesetzten einen „Riesenkrach" um irgendeine Meinungsdifferenz in einer Fachfrage gegeben habe. Der Vorgesetzte sei ganz begeistert, daß sein Mitarbeiter „anscheinend endlich aufgewacht" sei. Demnächst werde man sich zusammensetzen, um die Maßnahmen der Job-Rotation zu besprechen.

In diesem Beispiel war es dem Berater möglich, eine strukturell angelegte und nicht ungefährliche „Beziehungsverstrickung" aufzulösen. Hier zeigt sich die delikate Rolle, die der Berater zwischen der Interessenlage des Unternehmens und der Interessenlage des Betroffenen einnimmt. Wenn Einzelberatung als Element der Personalentwicklung vom Unternehmen angeboten und finanziert, jedoch vom Externen durchgeführt wird, muß der entstehende strukturell angelegte Interessenkonflikt auch als solcher behandelt werden. Eine immer wieder verführerische Verlagerung auf eine „psychologische" Ebene führt – wie jede Individualisierungsstrategie – zu einem erheblichen Durcheinander *(siehe Abb. 5)*.

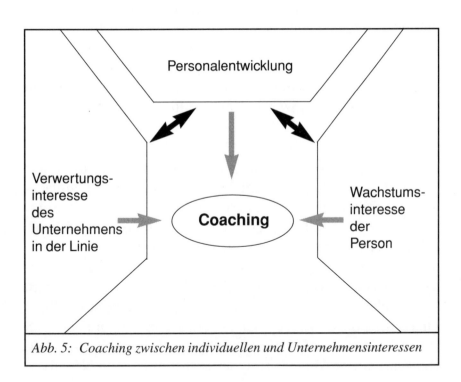

Abb. 5: Coaching zwischen individuellen und Unternehmensinteressen

11.2.3 Personelle Veränderungen und Outplacement

Ein weiterer Einsatz für die Einzelberatung im Rahmen von Personalentwicklung entsteht, wenn personelle Veränderungen, insbesondere Beförderungen, Versetzungen und Auslandsentsendungen geplant sind. Der Anlaß ist dabei allen Beteiligten deutlich, und es gibt kaum eine mit Beratung verbundene stigmatisierende Qualität. External ausgelöste Veränderungen werden auch von Führungskräften als „erlaubter" Anlaß dafür erlebt, sich auch externe Unterstützung zu besorgen. Die Beratung wird hier sehr offen angeboten und auch in Anspruch genommen, etwaige Informationsgelüste des Unternehmens spielen keine Rolle, es kommt lediglich darauf an, die bevorstehenden oder aufgetauchten Sonderbelastungen beim Betroffenen gut zu bewältigen. In diesem Zusammenhang wird eine Einzelberatung einfach als eine vernünftige und allen nützliche Serviceleistung des Personalwesens gesehen, ähnlich wie ein Dienstwagen, eine Umzugskostenbeihilfe oder die Beschaffung einer Wohnung.

Ähnliches gilt, wenn auch in geringerem Maße, für die Beratungen, die eine Outplacement-Maßnahme begleiten. Outplacements dienen dazu, bei Trennungen von Führungskräften das destruktive Potential zu begrenzen und der besonderen Fürsorgepflicht des Unternehmens zu entsprechen. Die Entgegennahme einer Kündigung ist auf der Personenebene für den Betroffenen zunächst einmal ein Schock. Schockreaktion (auch im körperlichen Sinne) und Streßerhöhung sind die notwendigen Phänomene dabei, weil es sich bei einer Trennung immer noch um eine drastische identitätszerstörende Information handelt. Die schlagartige Veränderung des Selbstbildes zum Negativen hin ist eine häufig vorliegende Reaktionsweise und wird von massiver Veränderung der Gefühlslage begleitet. Damit gehen wiederum körperliche Veränderungen einher (Eßverhalten, Schlafverhalten, Aktivitätsniveau, Kreislaufveränderungen,

Veränderungen des Immunsystems). In dieser Situation ist der Berater die erste wesentliche Person aus dem Unternehmensumfeld, mit der der Betroffene in Berührung kommen sollte. Als neutrale Instanz geht der Berater zunächst ein spezielles Arbeitsbündnis mit dem Betroffenen ein. Durch Erlaubnis, Anleitung und Präsenz des Beraters wird dem Betroffenen der Ausdruck von emotionaler Spannung leichter möglich. Gemeinsam wird dann die Wahrnehmung für die schwieriger gewordene Realität wieder aktiviert, so daß die durch die Kündigung bedingte Identitätsveränderung Stück für Stück zugelassen und als real existent akzeptiert werden kann. Der Berater hilft dabei, Umdeutungen rückgängig zu machen, Interpretationen realitätsgerecht vorzunehmen, aus der Regression aufzutauchen und damit die Abwehrmechanismen schrittweise aufzugeben. Schließlich werden gemeinsam mit dem Betroffenen zusätzliche Handlungsmöglichkeiten für das kurzfristige emotionale und praktische Durchlebenmüssen der Krise entwickelt. Dazu gehören neue Alltagsaktivitäten, Ablenkungen, Gespräche mit dem sozialen Umfeld und andere Äußerungsformen für Gedanken und Gefühle. Im sanften Übergang zur Betreuung durch den in der Folge zuständigen Personalberater kann dann der Aufbau eines neuen Selbstkonzeptes begonnen werden. Dazu gehören die Überprüfung des Lebensplanes und der Lebensarrangements, der Überzeugungen, Ziele, Werte, Meinungen und Gewohnheiten. Der Berater hilft hier, den persönlichen Alternativenraum des Betroffenen zu vergrößern, weil damit die Chancen für akzeptable Lösungen steigen, die im nächsten Schritt mit dem Personalberater erarbeitet werden.

Der Berater „übergibt" seine Arbeitsergebnisse und den Betroffenen an den Personalberater erst dann, wenn zu erwarten ist, daß die nun folgende praktische Arbeit auf der Basis eines einigermaßen stabilen Selbstbildes geleistet werden kann. Dabei werden Möglichkeiten und Absichten in ihren verschiedenen Spielräumen durchgesprochen und der Aktionsraum für das sich anschließende Training und das beim Outplacement übliche „Marketing in eigener Sache" abgesteckt.

11.2.4 Persönliche Problemlagen

Ob persönliche Problemlagen von Führungskräften im Rahmen von Personalentwicklung via Einzelberatung bearbeitet werden können, hängt weitgehend davon ab, inwieweit die Personalbetreuungsfunktion im Unternehmen bereits ausgebaut ist, wieviel Tabuisierung noch hinsichtlich der Möglichkeit herrscht, daß auch Führungskräfte in individuelle Schwierigkeiten kommen können. In vielen Fällen sind die heimlichen Regeln der Organisation noch so beschaffen, daß ein offener und selbstverständlicher Umgang mit persönlichen Schwierigkeiten nicht möglich ist und offiziell nicht zur Kenntnis genommen werden darf. So entstehen nicht selten wirtschaftliche Katastrophen, die den Bestand des Unternehmens gefährden. Es kommt im Vorfeld dann mehr oder minder zufällig und je nach Einzelfall zu jenen diskreten Anfragen von der Personalentwicklung an den internen oder externen Berater, wie man mit dem „Problem bei Herrn X" denn umgehen könne.

Wer sich an so intime Dinge wie das persönliche Leben und Erleben eines Menschen heranwagt, braucht nicht nur einen rechtfertigenden Anlaß, sondern auch ein hohes Maß an Handlungssicherheit in instabilen Situationen. Deswegen kann eine Beratung zur Bearbeitung individueller Probleme ohne sorgfältige Vorabdiskussion zwischen Personalentwicklung und anderen Betroffenen nicht eingeleitet werden. Die Frage, welches Recht ein Unternehmen hat, sich in die persönlichen Belange seiner Führungskräfte einzumischen, ist nicht generell zu beantworten, es sei denn, es gäbe im Unternehmen dafür bereits eine besprochene, geklärte, allen Beteiligten vertraute und entwickelte Praxis. Solche Vorklärungen sind auf dem wichtigsten Feld persönlicher Befindlichkeitsstörungen (und damit Leistungsstörungen), dem Feld der Suchterkrankungen, inzwischen Tradition geworden. Doch werden Führungskräfte ja nicht nur abhängig vom Alkohol oder von Tabletten und anderen Drogen. Sie entwickeln Arbeitssucht, Streß, Depressionen und Kontaktstörungen, sie geraten in finanzielle Schwierigkeiten und haben Probleme in der Partnerschaft und in der Familie; sie erkranken oder fangen an, ihr Geld zu verspielen. Ein Berater bildet oft die erste Anlaufstelle für alle diese persönlichen Beeinträchtigungen des Wohlbefindens und der Leistungsfähigkeit.

Eine Führungskraft sieht dabei den Anlaß für einen Kontakt mit dem Berater entweder schon selbst (leichtere Variante) oder sie wird von Kollegen, dem Personalentwickler oder von ihrem Vorgesetzten darauf hingewiesen, daß diese Form der Hilfestellung im Unternehmen verfügbar ist (schwierigere Variante). Im ersten Schritt ist mehr als dieser „Hinweis auf eine Möglichkeit" (in Form der Telefonnummer des Beraters und einigen Informationen über die „Spielregeln") meist nicht möglich. Wenn der Betroffene dann von sich aus aktiv wird, kann Beratung einsetzen, und der Klient mit seinem Thema verbleibt danach in der geschützten Atmosphäre der externen Beratungsarbeit. Schwieriger wird es, wenn eine Führungskraft auf diesen Hinweis nicht reagiert, weil sie sich von einer Beratung nichts verspricht, weil sie zu viele Befürchtungen hegt, weil sie wenig Einsicht in die Problemlage hat oder aus welchen Gründen auch immer. In diesem Fall sind es nur noch Dimensionen der Leistungserbringung des Betroffenen, über die das Unternehmen eine Möglichkeit hat, die Eingriffsintensität zu steigern. Nur im Rahmen des Leistungsvollzugs kann der Hinweis an den Betroffenen intensiviert werden, nun endlich etwas in eigener Sache zu unternehmen.

Manchmal wird immer noch versucht, den Berater für diese Funktion des Eingreifens und der Erstkonfrontation einzusetzen. Er wird gebeten, doch einmal „mit dem Betroffenen" zu reden und ihn zu überzeugen, daß etwas unternommen werden müsse. Die Übernahme dieser Funktion ist aus strukturellen Gründen für den Berater unmöglich: Er hat als Externer keinen Einfluß auf den Betroffenen, er kann aus der externen Position heraus nicht motivieren, weil es ja noch gar keine Arbeitsbeziehung zwischen den beiden gibt. Der Versuch des Unternehmens, für diesen Einzelfall die unumgängliche Arbeit des Konfrontierens an den Berater zu delegieren, ist zwar verständlich, führt aber zu nichts. Berater arbeiten mit „Beziehungsmacht", die zu diesem Zeitpunkt noch nicht entwickelt sein kann. Das Ansinnen des Unternehmens ist wiederum eine vermeidungsträchtige reine Individualisierungsstrategie, ein betriebliches Verhaltensmuster, das im Zuge der „Coaching-Euphorie" leider neue Nahrung gewonnen hat.

Es bleibt also nur, den Betroffenen aus Gründen seines Arbeitsvollzuges, also im Rahmen der reinen Managementlogik von Leistung und Leistungsstörung, dazu zu bewegen, sich seinem persönlichen Problem zu stellen. Ist dies (noch) nicht möglich, weil (noch) keine hinreichende Leistungsstörung vorliegt, hat das Unternehmen auch noch kein Recht, sich in die Verhaltenseigenheiten des Betroffenen überhaupt einzumischen. Liegt dagegen bereits eine deutlich wahrnehmbare und dokumentierbare Leistungseinbuße vor, dann müssen Personalentwickler und/oder Vorgesetzte sich die Frage stellen, ob ihnen die Aufrechterhaltung des unternehmensinternen Tabus wichtiger ist oder die Behebung dieser Leistungsstörung. Aus all diesen schwierigen Überlegungen muß der Berater sich zunächst völlig heraushalten, auch wenn dies schwerfällt und auch wenn man ihm von seiten seines Kunden „Druck macht". Er kann sinnvoll erst tätig werden, wenn der Betroffene sich selbst bei ihm meldet, was immer die komplexe Vorgeschichte „im Hause" gewesen sein mag, die zu dieser Selbstmeldung führte. Beratung arbeitet mit einer eindeutigen „Komm-Struktur", nur dann ist sie überhaupt als Arbeitsform möglich. Ein Berater, der sich als „Missionar" oder Hilfsmanager einsetzen läßt und ungerufen zu einer Führungskraft wegen deren persönlichen Schwierigkeiten „hingeht", um sie – womöglich im Auftrag der Personalabteilung oder des Vorgesetzten – davon zu „überzeugen", daß ihre persönliche Problematik der Beratung bedürfe, ein solcher Berater hat seine eigene Arbeitsmöglichkeit bereits zerstört, bevor er überhaupt beginnen konnte.

11.3 Die Beziehungen zwischen Berater und Personalentwicklung

11.3.1 Über die Rolle von funktionalisierten Menschenarbeitern im Widerspruch der Interessen

> *„Dont rock the boat!"*
> *„I wanna sink the bloody thing."*
> *(Management-Folklore)*

Schon bei der Darstellung ausgewählter „Indikationen" für die Einzelberatung im Rahmen der Personalentwicklung im letzten Abschnitt wurde ansatzweise deutlich, daß die funktionalen Beziehungen zwischen dem Berater und der Personalentwicklungsabteilung ein durchaus problematisches Feld von Einflüssen darstellen. Geht man von den bereits skizzierten unterschiedlichen Interessenlagen des Unternehmens und der Führungskraft aus, so steht schon die Personalentwicklung in einem strukturellen Konflikt. Sie muß gemäß ihrem Auftrag dafür sorgen, daß die Führungskräfte (wie alle anderen Mitarbeiter auch) gemäß den Interessen des Unternehmens herangebildet werden, was die Qualifikation und Leistungsbereitschaft, die Wertorientierung und die beziehungsmäßige Vernetzung betrifft. Sie muß, kurz gesagt, dafür sorgen, daß die „Ressource Mensch" einwandfrei und optimal verfügbar ist und nach den Erfordernissen der Unternehmenssituation „funktioniert". Gleichzeitig ist diese „Ressource Mensch" aber nicht beliebig instruierbar, formbar, manipulierbar, sondern besitzt – zum Glück – eine Autonomie des Denkens, Fühlens, Wollens und Handelns. Der sozialtechnologische Zugriff gelingt also nicht, jede Maßnahme der Personalentwicklung ist letztlich eine Maßnahme mit „offenem Ende". Diese Arbeitsschwierigkeit des Personalwesens hat sich, so haben wir zu zeigen versucht, in den letzten Jahren verschärft, weil einerseits die Veränderungsgeschwindigkeit zugenommen hat und andererseits die gesellschaftlichen Umfeldbedingungen deutlich vielfältiger geworden sind. Die Autonomie der Menschen ist gestiegen, der formende Zugriff auf Mitarbeiter und Führungskräfte ist nur noch eingeschränkt möglich, Personen sind sozial sehr viel geringer an einheitliche Normen, Werte und Handlungsausrichtungen adaptiert und haben sich durch die vielfältigen Umstrukturierungen der Vergangenheit ein gewisses Mißtrauen gegenüber den Ansinnen des Unternehmens zugelegt.

Es ist nur zu verständlich, daß die Personalarbeit sich in dieser schwieriger gewordenen Situation externe „Hilfsagenten" besorgt. Trainer, Berater und neuerdings eben die „Coaches" bilden einen Schwarm externer Dienstleister, die sich manchmal geradezu anbieten, den Personalentwicklern bei der Bewältigung ihrer widersprüchlichen Aufgabe beizuspringen.

Die Frage ist nun, inwieweit sich auch diese externen Hilfsinstanzen auf die einseitige Logik des Unternehmens einlassen und den strukturell angelegten Interessenkonflikt damit zur Seite wischen. Diese Frage ist, seit es personenbezogene Maßnahmen im Umfeld von Unternehmen und unter deren Finanzierung gibt, offen und ungelöst. Sie wird oft ideologisch beantwortet, womit der Widerspruch verschwunden scheint: Wenn Unternehmen sich einfach als berechtigt deklarieren, auf Inhalte und Verfahrensweisen von personenzentrierter Arbeit in Training und Beratung zuzugreifen, und wenn ihnen dieses zu gelingen scheint, weil sie externe Dienstleister finden, die sich darauf einlassen, dann ist der Widerspruch zwischen Unternehmensinteressen und Personeninteressen vorläufig erst einmal vom Tisch.

Diese Situation finden wir z.B. in manchen Verkaufstrainings, bei bestimmten Incentives oder Führungskräfteschulungen, die sich ungebrochen als ideologisch-psychologische Aufrüst- und Zurichteveranstaltungen im Sinne einer managementorientierten Verwertungslogik menschlicher Leistungs- und Begeisterungsfähigkeit verstehen. Doch der Widerspruch kommt immer wieder zurück, Menschen lassen sich nicht dauerhaft in diese Logik einbinden. Was zur Folge hat, daß die personenzentrierte Trainings- und Beratungsarbeit nach dem Motto „Mehr vom selben" immer öfter, immer bunter, immer aufwendiger gestaltet werden mußte, um noch Motivation, Identifikation, Wertorientierung und Handlungsenergie bei den Adressaten für die Verwertungsinteressen des Unternehmens freizusetzen. Diese Maschinerie der Personenbearbeitung und emotionalen Wiederaufbereitung läuft derzeit schon auf Hochtouren und sichert einer Fülle von Hilfsagenten des Personalwesens im Bereich der exklusiven und abenteuerlichen Trainings und „Aktionen" Lohn und Brot. Doch dreht auch dieses Karussell sich bereits sehr schnell, die Heilslehren und Moden wechseln immer rascher und zeigen immer weniger Effekt. Der Widerspruch der Interessen bleibt und kann auch mit den exklusivsten Trainings- und Motivierungsfeuerwerken nicht „gelöst" werden.

Ein anderer Weg, dem Interessenkonflikt aus dem Wege zu gehen, ist die Form, ihn auf dem Weg einer metaphysischen Aufladung mit humanistischem Gedankengut rhetorisch immer wieder in einen (scheinbaren) Konsens zu überführen.

Die altehrwürdigen Varianten dieser Strategie münden immer wieder in dem Satz vom „gleichen Boot, in dem wir alle sitzen". Modischere Formen bemühen „ganzheitliche" oder auch schon mal esoterische Versatzstücke, um rasch die neue große Einigkeit zwischen Unternehmen und Individuen zu beschwören. Auch hier zeigt sich, daß die Enttäuschung als ideologischer Kater der anfänglichen Heilserwartung immer rascher auf dem Fuße folgt und anschließend zur heftigen Denunziation des so mißbrauchten personenzentrierten Vorgehens führt. Dies war der Fall bei den gruppendynamisch orientierten Trainingsveranstaltungen, bei betrieblichen Selbsterfahrungsgruppen, bei der kollektiven Meditation im Kollegenkreis oder beim gemeinsamen Überlebenstraining in der Wildnis. Inzwischen folgt die zwangsläufige Denunziation eines personenbezogenen Arbeitsansatzes diesem schon nicht mehr, sie taucht bereits gleichzeitig mit ihm auf: Der Prozeß des Verbrauchens von vielversprechenden Arbeitskonzepten hat sich bereits beschleunigt. Wer heute verkündet, er habe nunmehr das wirkliche Patentrezept zur dauerhaften Herstellung von Arbeitslust, Motivation, Erfolg und Menschenführung im Managementbereich gefunden, kann mit Sicherheit davon ausgehen, ganz schnell ausgelacht zu werden. Die jüngste Euphorie im Zusammenhang mit der „Lernenden Organisation" ist dafür ein bezeichnendes Beispiel. Diese zunehmende Skepsis ist insofern erfreulich, weil offenbar erkannt worden ist, daß der Widerspruch zwischen Person und Organisation mit immer neuen Methoden nicht zu lösen ist. Es ist andererseits eine unerfreuliche Entwicklung, weil Arbeitsansätze dann auch keine Chance erhalten, sich im Lichte einer anderen Herangehensweise an diese Konfliktlandschaft zu bewähren.

In der Rolle des Beraters und seinem Verhältnis als Kooperationspartner der Personalentwicklung taucht die damit skizzierte Problematik wieder auf und spitzt sich nochmals erheblich zu.

Da der Einzelberater sehr intensiv mit einer Führungskraft arbeitet und sogar eine gewisse Intimität herstellt, kann er, wenn er den beschriebenen Widerspruch nicht aushält und nicht zu gestalten weiß, von allen personenzentriert Arbeitenden im Umfeld des Unternehmens auch den allerschärfsten Verrat an der Person begehen, die sich ihm anvertraut. Dies würde dann geschehen, wenn er – um sich dem vorhandenen Interessenswiderspruch nicht auszusetzen – mit seiner Beratung zum einseitigen Erfüllungsgehilfen des Unternehmens würde und dabei die unter Mühen und Risiken aufgebaute Beziehungsqualität zu seinem Klienten einseitig mißbraucht. Die entstehende Verletzung wäre so tiefgehend und die folgende notwendige Denunziation des gesamten Verfahrens so umfassend, daß der gesamte Arbeitsansatz in Windeseile vom Tisch wäre. Keine Führungskraft würde sich mehr auf eine Beratung einlassen, die im diffizilen Umfeld von Personalentwicklung angeboten wird. Die kurzsichtige Adaption des „Coachings" als bloße neue Technik hatte in vielen Unternehmen leider genau diesen destruktiven Effekt.

11.3.2 Nützliche und schädliche Rollenkonfigurationen zwischen Auftraggeber, Berater, Vorgesetzten und Klienten

Ein Berater muß sich darüber klar sein, wer sein Auftraggeber ist, wie der Auftrag lautet, wer ihn bezahlt und wem seine Arbeit nützen soll. In einfachen Fällen sind Auftraggeber, Bezahlender und Nutznießer der Beratung ein und dieselbe Person. Sie klärt ihre Beziehung mit dem Berater auf dem Wege der Vertragsformulierung und mit Hilfe des Arbeitsbündnisses wie in früheren Kapiteln beschrieben *(siehe Abb. 6a)*. Wenn der Berater im Rahmen der unternehmenseigenen Personalentwicklung tätig wird, fallen Auftraggeber, Bezahler und Nutznießer auseinander *(siehe Abb. 6b)*.

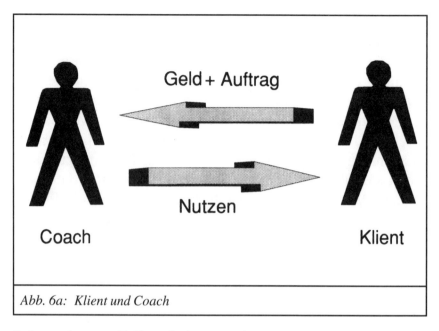

Abb. 6a: Klient und Coach

In komplexeren Fällen sind sogar vier Instanzen im Spiel *(siehe Abb. 6c)*.

Der Berater kann seine Unabhängigkeit in solchen Beziehungsgeflechten nur wahren, wenn er die Vertragsbedingungen allen Beteiligten gegenüber transparent hält. Das heißt z.B., daß er einen Auftrag, den er ggf. von einem Personalentwickler entgegennimmt, dem Klienten gegenüber offenlegt bzw. den Personalentwickler auffordert, dies zu tun. Am deutlichsten wird dies, wenn der Personalentwickler den „Auftrag an den Einzelberater" im Beisein des Klienten ausspricht. Dann werden eventuelle Widersprüche und verdeckte Konflikte sofort transparent und können besprochen werden. Das Arbeitsbündnis mit dem Klienten muß sich in solchen Fällen im Rahmen des erteilten Auftrags bewegen bzw. darf diesem nicht entgegengerichtet sein. Denn sonst hätte der Berater bereits ein „Geheimnis" mit seinem Klienten gegenüber dem Auftraggeber, was ihn beziehungsmäßig sofort im Sinne der entstandenen Konspiration an den Klienten bindet und seine Unabhängigkeit einschränkt.

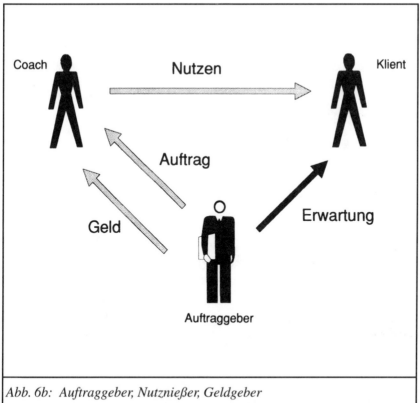
Abb. 6b: Auftraggeber, Nutznießer, Geldgeber

Die zweite Bedingung für die Unabhängigkeit des Beraters ist die Freiwilligkeit des Klienten. Dieser muß dem Auftrag der Personalentwicklung an den Berater zustimmen, sonst ist ein Coaching nicht möglich. Durch die Transparenz wird eine Verletzung der Freiwilligkeitsbedingung jedoch schnell offenkundig. Nur gelegentlich kommt es vor, daß der Klient dem Auftrag im Beisein des Personalentwicklers noch zustimmt, in der Beratung selbst dann aber deutlich macht, daß er keineswegs freiwillig mitspielt, sondern lediglich gute Miene zum für ihn bösen Spiel macht, um seine Karrierechancen nicht zu gefährden. Auch in diesem Fall kann eine wirksame Beratung nicht stattfinden. Berater und Klient müssen dann miteinander klären, wozu ihre Treffen eigentlich dienen sollen. Auch hier gilt wie-

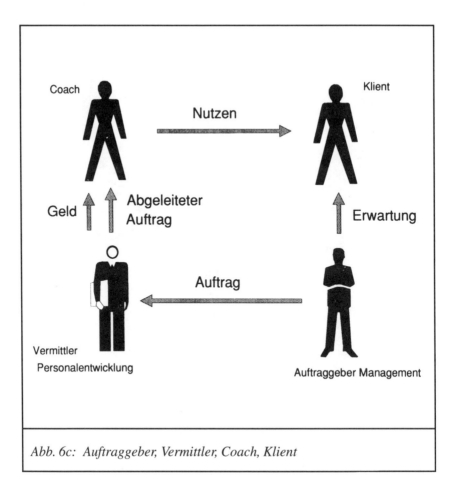

Abb. 6c: Auftraggeber, Vermittler, Coach, Klient

der, daß kein Berater sich durch solche Geheimnisse binden lassen darf, die das Beratungsarrangement selbst betreffen.

Geläufiger ist allen Beteiligten inzwischen die professionelle Schweigepflicht bezüglich der Inhalte der Beratung, die die dritte notwendige Bedingung für den Beratungsprozeß darstellt. Auftraggeber akzeptieren diese Schweigepflicht inzwischen.

Im Sinne der Individualisierungsstrategien von strukturellen Konflikten ist es im Management eine beliebte Verfahrensweise, etwas zum persönlichen Problem eines Organisationsmitgliedes zu erklären, was eigentlich durch das Gefüge der Organisation bedingt ist. In der Einzelberatung tauchen solche Fälle auf, wenn Personalentwickler (oft im Auftrag von Linienvorgesetzten) einen Berater engagieren, um mit einer bestimmten Führungskraft zu arbeiten, die vorgeblich dieses oder jenes Verhaltenssymptom aufweist. Der „designierte Patient", wie er in der Familientherapie genannt wird, stellt dabei lediglich die Stelle dar, an der sich die strukturell angelegte Konfliktlage auswirkt und sichtbar wird. Sie hat mit den Verhaltensweisen der Person jedoch wenig zu tun, und jede andere Person würde an dieser Position ein ähnliches Symptom entwickeln.

Es war nicht mehr auszuhalten. Der Leiter der Serviceabteilung war derartig desorganisiert und chaotisch, daß sich die Beschwerden von Kunden häuften. Er hatte seine Monteure einfach nicht im Griff. Nichts klappte. Der Mann war nervös und fahrig, wurde schnell hektisch, schrie herum, war auch schon mehrmals krank gewesen. Die Personalabteilung empfahl ihm ein „Coaching", um „sich entspannen" zu lernen, um sich „besser organisieren" zu lernen, „um ruhiger zu werden" und um einen „besseren Kommunikationsstil" zu entwickeln. Der Mann war einverstanden.

Der „Coach" bat darum, einen Tag an der Seite seines neuen Klienten verbringen zu können. Es stellte sich heraus, daß wegen der mangelnden Qualität der Produkte sehr viele Nachbesserungen nötig waren. Viele Reparaturaufträge kamen dadurch zustande, daß Kunden „sich hinter den Verkaufsleiter klemmten" oder bei einem anderen hierarchisch hochgestellten Manager Druck machten, um rasch bedient zu werden. Diese riefen dann beim Service an und bestanden darauf, daß ihr Kunde natürlich der dringendste sei. Dadurch veränderten sich in der Einsatzzentrale stündlich die Prioritäten, eine Planung des Monteureinsatzes war unmöglich. Ständig revidierte Einzelentscheidungen waren die Basis des gesamten Ablaufs. Ein irgendwie geartetes Abwicklungssystem war nicht erkennbar, Dringlichkeitskriterien nicht formuliert. Die Monteure waren unterwegs nicht erreichbar, sie riefen manchmal die Zentrale an oder auch nicht.

Der Berater setzte das „Coaching" ab und empfahl eine Organisationsberatung. Diese zog ein Programm zur Qualitätsverbesserung der Produkte nach sich. Der Arbeitsanfall im Service ging drastisch zurück, eine Monteurstelle konnte eingespart werden. Die Monteure erhielten Rufempfänger. Reparaturanfragen von Kunden wurden grundsätzlich an eine Annahmestelle in der Einsatzzentrale geleitet. Kategorien von Reparaturaufträgen nach ihrer Dringlichkeit wurden festgelegt. Die „Symptome" des Leiters der Serviceabteilung verschwanden. Nach einem Jahr bat er von sich aus um die Fortsetzung der Einzelberatung. Er wollte herausfinden, warum er das alles so lange mit sich hatte machen lassen.

Der Einzelberater wird, je mehr er versucht, in seiner Arbeit von Anfang an unabhängig und klar zu bleiben, für den beauftragenden Personalentwickler zu einem latent schwierigen, weil unbequemen Kooperationspartner. Es wird Unternehmen geben, die diesen „Stachel im Fleisch" nicht haben wollen, und sie haben gefügigere „Coaches" gefunden, die sich schmiegsamer an die Gepflogenheiten anpassen. Auf lange Sicht aber „verschmutzen" dadurch sämtliche Arbeitsbeziehungen. Der Blick richtet sich am besten auf den „Umgang mit dem Werkzeug": das Werkzeug des Beraters ist seine Fähigkeit, tragfähige Beziehungen zu seinen Einzelklienten aufzubauen. Läßt er dieses Werkzeug „vergammeln", geht es ihm wie jedem Handwerker auch: Er erschwert sich seine Arbeit.

Kapitel 12
Rolle und Funktion des Einzelberaters

12.1 Qualifikationen für Berater

Die Einzelberatung von Führungskräften ist kein neuer Beruf, ganz gleich, ob von „Coaching" die Rede ist oder nicht. Einzelberatung ist eine Funktion, die von unterschiedlichen Menschen in unterschiedlichen Arbeitskontexten ausgeübt wird. Die Tätigkeit der Einzelberatung kann sich lediglich zu einer Rolle verdichten, wenn wir von einem einigermaßen stabilen Muster an wechselseitigen Verhaltenserwartungen ausgehen. Für eine solche Funktion bedarf es der Qualifikation durch den Erwerb entsprechender Fertigkeiten und durch die Auswertung entsprechend umfangreicher und intensiver eigener Lebens- und Arbeitserfahrungen. Die einzelnen Kompetenzen, die zur Einzelberatung nötig sind, stellen eine Mischung dar, die wegen des unterschiedlichen fachlichen Ursprungs oft als „Schnittfeldqualifikation" bezeichnet wird.

Da Einzelberatung die Arbeit mit Menschen zum Gegenstand hat, müssen die Praktiker dieser Tätigkeit etwas über Menschen, menschliches Erleben, Denken, Fühlen, Wollen und Handeln wissen. Dieses Wissen erwirbt man am ehesten durch ein Studium der „Humanwissenschaften", also z.B. der Philosophie, Anthropologie, Psychologie oder Pädagogik. Wobei „Studium" nicht unbedingt auf das Lernen an einer Universität beschränkt ist, man kann ein Fachgebiet auch außerhalb von Universitäten intensiv „studieren". Die Schwierigkeit mit den Humanwissenschaften ist, vor allem in den Augen von Managern und anderen Leuten, die sich mit Sachzusammenhängen oder praktischem Handeln beschäftigen, daß sie keine endgültigen Antworten auf wichtige Fragen liefern können. Bis heute ist nicht abschließend geklärt, was „gut" oder „böse", „schön" oder „häßlich" ist. Wir wissen immer noch nicht bzw. schon wieder nicht mehr, wie man eine gute Ehe führt, seine Kinder erzieht oder mit Konflikten umgeht. Auch so grundlegende Begriffe wie „Liebe", „Güte", „Weisheit", „Macht" oder, einfacher, „Durchsetzungsvermögen" und „Teamfähigkeit" sind immer noch nicht eindeutig definiert, obwohl die Menschheit schon seit einigen tausend Jahren daran herumarbeitet. Mit dieser prinzipiellen Unlösbarkeit muß man sich als Berater einige Jahre lernend herumgeschlagen haben, dann fällt es leichter, die vielfältigen Formen menschlicher Narretei zu akzeptieren und doch nicht völlig an der Spezies zu verzweifeln.

Da Berater vorwiegend mit Führungskräften arbeiten, deren Tätigkeit ja bekanntlich darin besteht, dafür zu sorgen, daß andere Menschen miteinander bestimmte Ziele erreichen, sollten sie auch etwas wissen über die Spielarten und Ergebnisse menschlichen gemeinsamen Handelns. Sie sollten über Kommunikation und Nähe, über Krieg und Macht, über Normen und Ideale, über Tabus und Rituale, über Sexualität und Geld, über Rache und Forscherdrang, über Gruppen und Familien, über Institutionen und Märkte mehr als nur ihre privaten Erfahrungen besitzen. Solche Dinge lernt man in den Gesellschaftswissenschaften, also in der Sozialpsychologie, Soziologie, Politologie oder in den Kulturwissenschaften. Auch diese Fachgebiete muß man nicht unbedingt an der Universität studieren.

Und da sich Beratung vorwiegend in jenem Teil der Gesellschaft abspielt, der da „Wirtschaft" oder, enger, „Management" heißt, sollten Einzelberater über diesen gesellschaftlichen Teilbereich natürlich auch etwas wissen. Sie sollten den üblichen Unterschied zwischen einem Bereichsleiter und einem Gruppenleiter kennen, wissen, was ein profit center ist, den Diskontsatz nicht für einen musiktheoretischen Begriff halten und Logistik nicht mit Logik verwechseln. Solche fundamentalen Kenntnisse erwirbt man entweder in einem ökonomischen Studium oder durch längeres waches Verweilen in dieser besonderen Subkultur.

Neben diesen Kenntnissen über die Tatbestände, Sachverhalte und Handlungsmuster, mit denen er es zu tun bekommt, benötigt der Berater eine ganze Reihe von Fertigkeiten, um sich in seiner Funktion kompetent verhalten zu können. Dazu gehört der gesamte komplexe Kanon der beraterischen Kompetenz, die eine intensiv ausgearbeitete Sonderform der Fähigkeit zur Kommunikation überhaupt ist. Beraterische Fähigkeiten erwirbt man nicht durch ein Studium, sie müssen – da es sich um eine höchst komplexe Verhaltensweise im Umgang mit anderen Menschen handelt – eingeübt werden. Nie gibt es den Zeitpunkt, wo ein Berater sagen könnte: „Jetzt kann ich es", so wie man etwa sagt „Jetzt kann ich schwimmen". Der Berater wird immer die Menschen zu bedauern haben, mit denen er vor fünf Jahren gearbeitet hat, weil er zwischenzeitlich wieder etwas mehr erlebt und verstanden hat von den unendlich vielen Möglichkeiten menschlichen Denkens, Fühlens und Verhaltens. Die Grundfertigkeit des Beratens erwirbt man meist in einer berufsbegleitenden Fortbildung in einem mehr oder minder verbreiteten und anerkannten beraterischen oder therapeutischen Handlungskonzept. Solche Konzepte sind auf der Basis der wichtigen psychotherapeutischen „Schulen" entstanden: Aus der Psychoanalyse, der klientenzentrierten Gesprächstherapie, der Verhaltensthérapie, der Transaktionsanalyse, der Gestalttherapie, den Körpertherapien, dem Psychodrama, der Gruppendynamik, der Familientherapie oder anderen, weniger verbreiteten, aber deswegen nicht unbedingt weniger nützlichen Konzepten stammen die allermeisten Formen dessen, was man heute als personenzentrierte Beratung kennt.

Eine Grundausbildung in einem solchen Beratungsverständnis dauert berufsbegleitend einige Jahre, umfaßt viele hundert Stunden intensiver Lernerfahrung mit sich selbst und anderen und kostet mittlerweile zwischen 10.000 und 20.000 DM. Das ist eine ziemlich große Investition für eine einzelne Person, zumal am Ende nichts greifbar ist außer dem hoffentlich gestiegen Mut, nun in die Welt zu gehen und zu beraten, was das Zeug hält, sofern sich jemand findet, der sich auch beraten lassen will. Die dann folgenden Fehlschläge sind heilsamer Bestandteil des Lernweges.

Doch der Einzelberater für Führungskräfte braucht noch mehr als all das. Anders als andere Berater, die sich – nach humanwissenschaftlichem Studium und durchlaufener Zusatzausbildung – in der psychosozialen Welt der „Beziehungstierchen" wohlig einrichten, findet der Führungskräfteberater seine Klientel in einer Welt, die mit „Beratung", so wie er sie zu verstehen und zu betreiben gelernt hat, erst mal wenig anfangen kann. Man muß schon aus irgendeinem Grund daran interessiert sein, beraterisches Vorgehen in eine Welt zu exportieren, die beraterisches Vorgehen vermutlich zwar gebrauchen kann, aber erstens oft nicht genau weiß, was das ist, zweitens nicht genau weiß, ob das für sie nützlich ist, drittens mit den dabei üblichen Arbeitsformen wenig vertraut ist und viertens diese Arbeitsformen dann oft als ausgesprochen fremdartig und irritierend empfindet und sich dagegen wehrt oder sie denunziert. Wer also Führungskräfte unter vier Augen beraten will, muß wohl Spaß daran haben, seine beraterischen Handlungskonzepte sozusagen in einem fremden Land zu erproben. Das braucht viel Frustrationstoleranz, um die immer noch geringe Akzeptanz der beraterischen Tätigkeit hinzunehmen und auch noch als Herausforderung zu empfinden.

Wer Führungskräfte berät, muß wissen, wie Führungskräfte fühlen, denken und handeln, also seine Zielgruppe intensiv kennenlernen. Eine gute Möglichkeit ist es, selbst einige Zeit als Führungskraft zu arbeiten, um die in diesem Beruf herrschenden Normen, die Grundmuster, die Verhaltensweisen, die klassischen Problemlagen und Konflikte und vor allem die Sprache kennenzulernen. Kein Wunder, daß die Einzelberatung von Führungskräften vorwiegend von Menschen betrieben wird, die sich ohnehin schon seit langer Zeit als Fremde oder bestenfalls als „Residenten" in der Subkultur Wirtschaft aufhalten und sich daher unter Managern auskennen. Ihnen, den Personalbetreuern, Trainern, Organisationsentwicklern und Unternehmensberatern, fällt es einstweilen leichter, die Arbeitsform dort weiter bekannt zu machen. Sie sprechen die Sprache, kennen die Denkweise, können vermitteln, wenn dem Management an der beraterischen Arbeitsweise etwas nicht sofort einsehbar erscheint.

Eine andere Gruppe von Beratern ist den Weg genau andersherum gegangen. Sie sind in der Wirtschaft und unter Managern groß geworden, sind selbst oft länger in dieser Funktion tätig gewesen und aus irgendeinem Grund „in die Beratung" gegangen, um ihre vielfältigen Praxiserfahrungen dort sinnvoll zu verwerten. Sie haben sich erst danach in der anderen, der psychosozialen Teilwelt umgesehen, sich dort vielfältige zusätzliche Kompetenzen aus den Humanwissenschaften für die kommunikative Tätigkeit des Beratens „besorgt" und wenden diese nun in ihrer Heimatwelt als „Coaches" an. Sie sind „Importeure" einzelberaterischen Vorgehens, im Gegensatz zu den zunächst psychosozial ausgebildeten „Exporteuren", die ihr in der kulturellen und intellektuellen Heimat erworbenes psychosoziales Vorverständnis und beraterisches Know-how in die ihnen zunächst fremden Subkultur des Management hinaustragen. Seit einiger Zeit ist aus Vertretern beider Gruppen eine „professional community" entstanden, in der sich die Grenzgänger zwischen den verschiedenen abgeschlossenen Systemen zusammengefunden haben *(siehe Abb. 7)*.

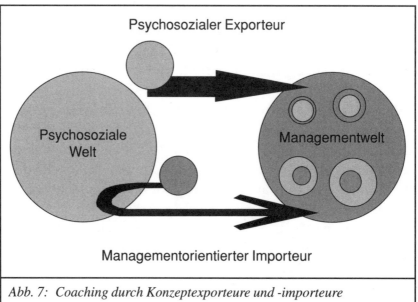

Abb. 7: Coaching durch Konzeptexporteure und -importeure

12.2 Die Rolle der Selbsterfahrung in der Beratungsarbeit

„Selbsterfahrung" nennt man in der psychosozialen Welt eine Lernform, in der jemand erfahrungsorientiert über sich selbst lernt. Im Zuge der unerfreulichen Entartungen des Psychomarktes ist leider verlorengegangen, daß es sich um Lernprozesse handelt. Es geht um nichts anderes als die Fähigkeit und Möglichkeit, die ganz eigenen emotionalen Reaktionen und Verhaltensimpulse in der situativen Bedeutung eines gegebenen Augenblicks im Zusammenhang mit der eigenen Lerngeschichte zu verstehen und wiederzuerkennen. Erst dadurch wird es möglich, in der gegenwärtigen, aktuellen Situation aus alten Verhaltensautomatismen „auszusteigen" und andere, zusätzliche Möglichkeiten des Agierens zu erwägen, eine für Beratungsarbeit unersetzliche Fähigkeit. Da Berater bei ihrer Arbeit nur sich selbst, ihre Wahrnehmungsfähigkeit, ihr Wissen, ihre Intuition und ihr Verhaltensrepertoire zur Verfügung haben, um zu reagieren, zu intervenieren, Vorschläge zu machen und all die anderen Dinge zu tun, die im Kontakt mit dem Klienten sinnvoll erscheinen, sind sie auf ein „gutes Funktionieren" ihres „Selbst" angewiesen, das sich vorwiegend an der aktuellen Situation und nicht hauptsächlich an eigenen, unbewältigten Erfahrungen von früher orientiert.

Berater müssen sich als Person möglichst intensiv selbst „durchgearbeitet" haben: Sie müssen mit ihren eigenen Verwundungen und Verletzungen, ihren eigenen verschütteten Gefühlen von Ohnmacht, Zorn, Verzweiflung, Trauer und Schmerz in Kontakt gekommen sein. Sie sollten wesentliche Teile dieses „alten Materials" in sich selbst soweit bearbeitet haben, daß ihnen die Gefühle von damals nicht heute den Blick verstellen für das, was tatsächlich in der Beratungssituation passiert. Aus dieser Tradition der psychosozialen Professionalisierung läßt sich die Faustregel ableiten, daß „erfahrene Klienten zu guten Beratern" werden können.

Schon als der Klient zur Tür hereinkam, wußte der Berater, daß es schwierig werden würde. Dieser Mann, das sah er auf den ersten Blick, war „kalt wie eine Hundeschnauze". Schon wie er ging, den Kopf starr geradeaus gerichtet und die Augen – so kühl. Irgendwie erinnerte er ihn an Dr. H., seinen alten Lateinlehrer. Das war auch so ein eiskalter Typ gewesen, voller Ironie und Arroganz, gnadenlos, wenn er jemanden bloßstellen konnte. Er beschloß, mit diesem Klienten sehr auf der Hut zu sein und sich keine Blöße zu geben. „Möchte mal wissen, wozu so ein Typ sich beraten lassen will ...

Wenn der Berater – unter anderem – auch ein „Spiegel" für seinen Klienten ist, dann ist die eigene Selbsterfahrung das mühsame und behutsame „Glattklopfen" dieses Spiegels, das „Ausbeulen" der lebensgeschichtlich auch vom Berater eingefangenen leidvollen und schwierigen Lebenserfahrungen. Geschieht dies nicht, so wird der Klient Mühe haben, in dem sozialen Spiegel des Beraters irgend etwas zu erkennen außer Zerrbildern aus Vorurteilen, ungeprüften Annahmen, alten Reaktionsbildungen und Ideologien.

Solch eigene Selbsterfahrung ist ein durchaus anstrengender, vor allem aber sehr langsamer Lernprozeß. Er geschieht im Rahmen der eigenen Psychotherapie, die sich der Berater – hoffentlich – gegönnt hat, und – im Verlauf der langjährigen beraterischen Fortbildung – in extra dafür gebildeten Lerngruppen. Ein gelegentliches „Psychowochenende" in wechselnden Gruppen und bei wechselnden Gruppenleitern ist zwar u.U. eine sehr wichtige, intensive, anregende und auch konsequenzenreiche Lernaktivität für Berater, es kann aber die kontinuierliche und langfristige Arbeit an der eigenen Person keineswegs ersetzen. Dennoch gibt es immer wieder und immer noch „Coaches", die nach dem Motto „Die Praxis ist die beste Selbsterfahrung" ihre Beratungsarbeit allein auf ihren eigenen, früher einmal als wirkungsvoll erlebten Handlungserfahrungen aus der eigenen Berufstätigkeit aufbauen. Das ist nur solange hinnehmbar, wie der Inhalt der Beratungstätigkeit sich auf praktische Handlungsempfehlungen im instruierenden Sinn beschränkt. In dem Augenblick, wo Beratung im Kontext einer dafür geschaffenen Beziehung geschieht und die Person des Klienten Gegenstand der Beratungsarbeit wird, ist eine solche Arbeitsgrundlage unzureichend. Die Einzelberatung wird damit nicht nur unnütz, sondern u.U. auch schädlich: Daß der Klient fremde und unpassende Handlungsmodelle für seine eigene Person übernimmt, ist dabei noch das geringste Übel.

12.3 Ohne Supervision geht es nicht

Berater gehören, ganz gleich, ob sie nun ursprünglich in der Managementwelt oder in der psychosozialen Welt professionell herangewachsen sind, in ihrer Funktion zu den Beziehungsarbeitern und benötigen deswegen einen Lernort für sich selbst, wo sie ihre Erfahrungen aus der Beratungsarbeit mit einem anderen kompetenten Kollegen professionell auswerten können.

Diese Lernform heißt in der psychosozialen Welt „Supervision" und gehört zu den professionellen Pflichten für Berater.

In der Supervision kann man sich von den emotionalen Belastungen aus der Begegnung mit seinen Klienten entlasten. Man kann sein methodisches Vorgehen nachträglich überdenken und besprechen, man kann seine „Eigenanteile" am Beratungsgeschehen entdecken, also seine unbewußten emotionalen Reaktionen und Impulse auf den Klienten. Man kann gemeinsam mit seinem Supervisor die Situation mit seinem Klienten nachstellen oder mögliche zukünftige Entwicklungen des Beratungsverlaufs vorbedenken. Man kann sich methodische Varianten und ihre eventuellen Auswirkungen überlegen. Man kann sich aber vor allem – und das ist wohl das wichtigste – vertraut machen mit der Tatsache, daß alles Überlegen und Bedenken, alles nachträgliche Verstehen den Berater nicht davor bewahrt, in der nächsten Begegnung mit seinem Klienten wieder „nicht zu wissen", was geschehen wird und was zu tun ist. Der Klient ist autonom, und die beraterische Situation ist nun einmal nicht sehr planbar. Es bleibt nur, sich an diesen lebendigen Zustand zu gewöhnen, zu lernen, immer darauf vorbereitet zu sein, daß wir nicht vorbereitet sein können. Wenn das geschieht – und die meisten erfahrenen Berater kennen den Punkt in ihrer Entwicklung, wo sie dies endgültig akzeptiert haben –, dann ist der Berater nicht mehr so sehr auf seine Verhaltensmuster und -masken angewiesen, dann kann er anfangen, den Augenblick mit dem anderen ganz wahrzunehmen, ohne das Geschehen sofort in irgendein Sicherheit stiftendes Gerüst von Interpretationen und Konzepten einzubauen.

Der Klient hat das gute Recht, so eingeschränkt und prognostizierbar in seinem Verhalten zu sein, wie er will: Für Manager ist die Berechenbarkeit ihres Rollenverhaltens in den meisten Fällen eine Tugend. Der Berater hat die Pflicht, sich aus dieser Eingeschränktheit und Berechenbarkeit seines Interventionsverhaltens langsam und Schritt für Schritt zu lösen. Dies ist nur möglich, wenn er sich im Laufe seiner „Fälle" seine eigenen Verhaltenseinschränkungen und vorbestimmten Reaktionsmuster bewußt macht. Dies geschieht aber auch wieder nur in der verständigen und unterstützend-konfrontierenden Gegenwart eines neutralen, doch wohlwollenden anderen. Die Supervision ist nicht von ungefähr ein unverzichtbares Element aller beraterischen und noch mehr therapeutischen Ausbildungen geworden. Als Lernort ist sie unersetzlich.

Ob der Supervisor nun seinerseits ebenfalls als „Coach" arbeitet, ist weniger erheblich. Vielleicht ist es manchmal leichter, Fälle aus der Beratungsarbeit mit Managern mit einem Kollegen zu besprechen, der sich ebenfalls in der Managerwelt auskennt. Vielleicht ist es aber gerade nützlich, wenn dies nicht der Fall ist, der Führungskräfteberater also in der Supervision bei seinem „Fallbericht" erklären muß, warum und wieso diese Reaktion, diese Denkweise, dieses Problem in der Arbeitsumgebung „Management" selbstverständlich/seltsam/risikoreich usw. ist. Dies schärft wiederum seinen Blick für die besondere Teilwelt, in der er sich entschieden hat, tätig zu sein.

Supervision ist den „psychosozial exportierenden" Beratern aus ihrer eigenen Ausbildung vertrauter als den managementorientierten „Beratungsimporteuren". Letztere klammern sich gewöhnlich sehr viel länger an die Suche nach der endgültigen beraterischen Problemlöse- und Sozialtechnologie. Gerade deswegen wäre ihnen unter dem Aspekt der beruflichen Kompetenzerweiterung zu raten, sich intensive Supervision zu gönnen.

12.4 Beraterische Kollegialität

Die Einzelberatung von Führungskräften wird häufig im Verbund mit anderen Maßnahmen zur Personalentwicklung (PE) oder Organisationsentwicklung (OE) angeboten, eingeleitet, betrieben und ausgewertet. Einerseits ist Personalentwicklung eine Funktion, deren Aktivitäten ein Unternehmen auch in seiner Organisation zwangsläufig verändern: Rollen und Unterstellungsverhältnisse, Qualifikationen, Verhaltensweisen und Einstellungen von Mitarbeitern lassen die Organisation nicht ungeschoren. Andererseits gibt es kaum eine Organisationsveränderung, die nicht auch persönlich bedeutsame Lernprozesse anregt oder erzwingt.

Für den Berater ergibt sich daraus die Notwendigkeit, PE und OE als Handlungskonzepte zu kennen und als kompetenter Gesprächspartner zur Verfügung zu stehen, wenn es darum geht, seine beraterischen Aktivitäten mit den anderen PE- und OE-Maßnahmen zu verbinden. Er muß dabei als „Anwalt" der sauberen Personenbeziehung schon aus eigenem Interesse dafür sorgen, daß keine personenrelevanten Informationen im OE-/PE-Prozeß „verbraten" werden, damit seine Beratungsbeziehung ungefährdet bleibt. Er muß andererseits wissen, was im Feld der OE/PE geschieht, wenn ihm sein Klient von den irritierenden Auswirkungen dieser Entwicklungsarbeit erzählt.

OE und PE werden in den meisten Fällen mit externer beraterischer Unterstützung betrieben. Nur sehr große Organisationen unterhalten eigene interne Stabsabteilungen für diese Form der Entwicklungsarbeit. Entscheidend bleibt, daß der Einzelberater oft und zwangsläufig mit Beratungskollegen aus dem Bereich OE/PE in Kontakt kommt und sich mit ihnen auf eine professionelle „Schnittstellenarbeit" verständigen muß.

Dies ist solange unproblematisch, wie Einzelberater und OE-/PE-Verantwortliche ein ähnliches Beratungsverständnis teilen, sich womöglich aus anderen Kooperationen kennen und ein gemeinsames „Beratungssystem" bilden können, in dem Rollen und Aufgaben, Kommunikationswege und Informationspflichten, Diskretionszonen und Kooperationsmethoden professionell beschrieben und abgestimmt sind. Solche „Betriebsformen" für Beratungssysteme werden inzwischen mehr und mehr eingesetzt, weil sie den OE-/PE-Prozeß intensivieren und von unnötigen Irritationen freihalten.

In allen anderen Fällen muß die Schnittstelle zwischen OE/PE und der Einzelberatung auf dem Verhandlungsweg konfiguriert werden. Dazu sind eine Reihe von Dimensionen zu klären:

- Wie wird der Einzelberater über die Zielsetzung, den Stand und die wesentlichen Aktivitäten der OE-/PE-Arbeit informiert?

- Welche Rückmeldungen darf und soll aus der Einzelberatung an die OE/PE gegeben werden?

- Welche Informationen zur OE/PE darf der Berater an seinen Klienten weitergeben?

- Zu welchen Gelegenheiten kommen Einzelberater und OE-/PE-Verantwortliche zusammen?

- Wie wird verhindert, daß dem Einzelberater aus seiner Kooperation mit den OE-/PE-Verantwortlichen beziehungsschädliche Zuschreibungen seiner Klienten erwachsen („Er steckt mit denen unter einer Decke")?

- Darf, soll und will der Berater die OE-/PE-Arbeit bei seinem Umgang mit dem Klienten unterstützen, indem er z.B. dort stattfindende Interventionen erklärt oder im Sinne der Beraterlogik vertritt?

Es ist einleuchtend, daß diese Schnittstelle nur wirksam auszufüllen ist, wenn die Vorgehensweise der OE-/PE-Vertreter professionell nachvollziehbar ist. Oft ist dies schon dadurch gesichert, daß der Einzelberater selbst auch OE-/PE-Kompetenzen besitzt.

12.5 Der interne Berater

Wir haben schon bei der Beschreibung des Mentorings darauf hingewiesen, daß Berater, die gleichzeitig eine Beziehung zu ihrem Klienten aufbauen und dem gleichen Unternehmen angehören, relativ bald in eine Zwickmühle geraten: Immer dann, wenn in ihrer Beratungsarbeit der Interessengegensatz zwischen den Absichten des Unternehmens und denen der beratenen Führungskraft auftaucht, erwächst ihnen ein Loyalitätsproblem.

Der interne Berater ist also in Thematik, Reichweite und Intensität seiner Arbeit durch seine organisatorische Einbindung begrenzt, und er tut gut daran, diese Grenzen zu respektieren, will er sich nicht seine hausinterne Wirksamkeit zur Beziehungaufnahme verderben. Er kann nur solche Beratungen durchführen, bei denen auch vom Klienten akzeptiert wird, daß sie eindeutig im Sinne des unternehmensorientierten Verwertungsinteresses auf die Wiederherstellung oder Steigerung der Leistungsfähigkeit und Qualifikation angelegt sind. Für Fragen, die den Konflikt zwischen Führungskraft und Unternehmen problematisieren, ist der „Interne" nicht der richtige Partner, weil die entstehenden Parteilichkeitskonflikte ihm seine Handlungsmöglichkeit und Unabhängigkeit begrenzen.

Es ist vorgeschlagen worden, den internen Berater für die Fälle von Beratung, Einweisung, Instruktion und Training auf unteren Hierarchiestufen einzusetzen, wo es aus ökonomischer Sicht für das Unternehmen weniger bedeutsam ist, den tiefgreifenderen personenbezogenen Befindlichkeitsstörungen nachzugehen, wo also „Einzelberatung" lediglich eine besonders effiziente Methode der Erzeugung bzw. Wiederherstellung von bestimmten abgegrenzten Qualifikationen im Verhaltensbereich darstellt. Dieser Ansatz greift nur insoweit, wie unterstellt werden kann, auf diesen hierarchischen Ebenen werde der Konflikt zwischen Mitarbeiter und Unternehmen ohnehin nicht thematisiert oder über die klassischen Mittel von Angst, Druck und Abhängigkeit dauerhaft aus dem Spiel gehalten. Diese Annahme ist angesichts der vielfältigen Organisationsturbulenzen nicht mehr zu halten.

Ein ungeklärter Konflikt zwischen dem Unternehmen und einem Mitarbeiter auf dem „working level", der eine hochtechnologische Produktionsanlage im Investitionswert von einer dreiviertel Million DM steuert, dieser ungeklärte Konflikt mag das Unternehmen auch aus ökonomischer Sicht sehr wohl interessieren. Je mehr die Tätigkeiten unterer und mittlerer Komplexität auf der operativen Ebene maschinell substituiert werden, desto wichtiger werden die dann noch verbleibenden wenigen technisch hochqualifizierten Mitarbeiter der Kernbelegschaft. Auch sie werden damit eine potentielle Zielgruppe für Einzelberatungen, bei denen die strukturell angelegten Konflikte eine Rolle spielen.

Der andere Hintergrund für die hierarchische Beschränkung des Einsatzgebietes interner Berater ist wohl bedeutungsvoller, weil beziehungsbezogen: Der interne Berater gilt als hierarchisch nicht ausreichend hoch angesiedelt, um höheren Managern auf gleichwertiger Ebene begegnen zu können.

Wo beim „Externen" der Maßstab für eine hierarchische Einordnung fehlt und deswegen die Statushöhe nicht bestimmt werden kann, bleibt beim Internen immer noch die offene Frage, ob ein Bereichsleiter sich von einem Fachreferenten des gleichen Unternehmens „etwas sagen lassen" kann, nur weil das Gespräch als Beratung oder „Coaching" benannt ist. Der interne Berater muß schon eine sehr souveräne Persönlichkeit sein, wenn er dieses Statusgefälle durch seine gekonnten Beziehungsangebote überlagern will. Hier sitzt eine ständige Frustrationsquelle für interne Berater, die ihre ausgebauten methodischen Qualifikationen aus „organisationskulturellen Gründen" nicht einsetzen dürfen, weil höhere Führungskräfte die angestrebte Beziehungsqualität der Beratung nicht aushalten und sich benehmen, als ließen sie sich von einem rangniederen Referenten mal eben informieren oder etwas zeigen oder Bericht erstatten.

12.6 Die Frage der Honorierung von Beratungsleistungen

Immer wenn der Nutzen einer Tätigkeit nicht bewertbar ist, gibt es viele Meinungen darüber, wie hoch die Vergütung dafür sein sollte. Das betrifft z.B. die gern geführte Diskussion über die Höhe der Gagen von Showgrößen und Fotomodellen, der Streit entzündet sich an der Frage, was die kreative Leistung von Werbetextern wert ist, und endet noch nicht bei dem Problem, ob die Werbeeinnahmen von Spitzensportlern eigentlich „verdient" sind.

Die Tätigkeit eines Beraters ist weder nach ihrem Nutzen, also dem „Erfolg", noch nach ihrem Aufwand, also dem zu erbringenden Arbeitsleid, bewertbar. Das vereint sie mit den Leistungen anderer freiberuflich tätiger Menschen wie Rechtsanwälte, Maler, Straßenclowns, Ärzte, Schriftsteller oder Theaterintendanten. Deswegen ist Beratung auch (außer in der Wirtschafts- und Berufsstatistik) keine „Dienstleistung", und Beratungseinnahmen stammen nicht aus „Leistungsmenge mal Preis". Das

Entgelt des Beraters heißt – wie das Entgelt für alle freien Berufe – „Honorar", es ist Geld, das aus Gründen der „honora", der Ehre also, vom Klienten hergegeben wird. Statt „Ehre" könnte man auch „Klarheit der Beziehung" sagen. Die Honorierung von Freiberuflern ist ein letztlich gesellschaftliches Problem: Freiberuflich tätige Menschen erbringen offenbar keine meßbare Leistung, sind aber dennoch für das Funktionieren eines Gemeinwesens irgendwie notwendig und müssen materiell von der Gesellschaft versorgt werden. Die Versorgung muß offenbar so gelagert sein, daß die freiberufliche Tätigkeit für eine ausreichende Zahl von Leuten auch aus materiellen Gründen attraktiv genug bleibt, die aufwendige Ausbildung auf sich zu nehmen.

Freiberufliche Tätigkeit wird allerdings nicht in erster Linie wegen des materiellen „Verdienstes" ausgeübt, sondern zumeist wegen des Interesses an einer besonderen Art von komplexer Arbeit und eben wegen der damit verbundenen professionellen Freiheit. Diese Motivationsverschiebung ist geradezu ein Merkmal freiberuflicher Identität.

Im Umkehrschluß kann man davon ausgehen, daß Einzelberater oder „Coaches", die sich in ihrer „Preispolitik" als Gewinnmaximierer verhalten, keine freiberuflichen Berater sind, sondern eben Verkäufer von beschreibbaren Dienstleistungen gegen möglichst hohe Preise. Das ist ein durchaus legitimes und wirtschaftlich vernünftiges Verhalten, es hat aber mit dem wenig zu tun, was die freiberufliche Beratungstätigkeit eigentlich ausmacht.

In den traditionellen freien Berufen haben sich mit den Standesordnungen auch Gebührenordnungen herausgebildet, die den beschriebenen Honorierungsbedingung offensichtlich – wenn auch mit historischen Abweichungen – weitgehend entsprechen. Der „Markt" ist dabei zu einem erheblichen Teil außer

Kraft gesetzt. In der Einzelberatung gibt es einen solchen „Markt", auf dem verschiedene Konzepte und Vorgehensweisen auch unter Anwendung verschiedener Preise miteinander konkurrieren. Dort, wo „Honorare" vereinbart werden, sind die Streuungen inzwischen ziemlich begrenzt, die Sätze bewegen sich um einen Mittelwert, der mit den Sätzen anderer freier Berufe vergleichbar ist.

Stichwortverzeichnis

A
Abhängigkeitserkrankungen,
- Alkoholismus, 137
- Medikamentenabhängigkeit, 137
Alleskönner, 43
Angst, 46
Anlässe für Einzelberatung, 41
Anschlußfähigkeit, 112
Arbeitsbeziehung, 27
Arbeitsprinzipien, 38
Arbeitsprozeß, Beendigung des, 128
Arbeitsvorschläge, 126
Assessment Center, 170
Auftraggeber, 100, 183
Ausgangssituation, Klärung der, 102
- Fragen, 103
- Gefühle, 103
Auslandsentsendung, 174

B
Beförderung, 174
Berater,
- Honorierung, 203
- interner, 201
- Qualifikation, 189
- Schweigepflicht, 186
- Suche nach geeignetem, 85
- Unabhängigkeit, 184
Beraterrollen, 32
Beratung,
- externe, 145
- Zielsetzung der, 94
Beratungsbedarf, 17
Beratungsbeziehung, 27
Beratungsstellen, 31, 80
Beratungssystem, 199
Beratungsvertrag, 91ff.
- Arbeitsbündnis, 92
- Zeitdauer, 92
Beschäftigungsrisiken, 166

Bewältigungspotential, 61
Beziehungskonfusion, 78
Beziehungsmacht, 178
Beziehungspartner, 71
Beziehungsqualität, 82, 156, 166
Beziehungsverstrickung, 173
Bücher, 68

C
Coach, 34
- Definition 15
Coaching, 37
- Betreuungsintensität, 152
- Beziehungsfallen, 149
- durch Vorgesetzte, 147
- Führungsfunktion, 148
- Gesprächskontakte, 149
- Hierarchie, 149
- Interessensgegensatz, 151
- Mitarbeitergespräche, 148
- Unternehmensziele, 151
Cooling-down, 106

D
Denken, kausales, 133
Depressionen, 135
Dreiecksbeziehung, 101

E
Einsamkeit an der Spitze, 44
Einstellungen, 161
Einzelberatung,
- Auslöser für, 53
- Erfolgskriterien, 131
- Formen der, 145ff.
Einzeltraining, 162
Emotionen, 109
Entlastung, 105
- Cooling-down, 106
- Verlegenheit, 106

- Outplacement, 106
Erfolgskriterien für
die Einzelberatung, 131
Erfolgsmaßstab, 132
Erklärungen, 127
Erstkonfrontation, 177
Experte, 29

F
Fachsprache, 124
Fallbesprechung, 158
Fallsupervision, 159
Familientherapie, 119
Familienunternehmen, 60
Feedback, 110ff.
- Anschlußfähigkeit, 112
- Regelkreis-Modell, 111
- Rückmeldearbeit, 113
- Rückmeldungen, 113
Förderungsmaßnahmen,
- Assessment Center, 170
- Management Audits, 170
- Potentialanalysen, 170
Fragen stellen, 121
Freiberufler, 204
Freiwilligkeitsbedingung, 185
Führungsbeziehung, 77

G
Gebührenverordnung, 204
Gespräche
- mit Büchern, 68
- mit dem Partner, 70
- mit Freunden und Kollegen, 74
- mit sich selbst, 66
- mit Vorgesetzten, 76
Grenzfälle, 136
Gruppe, 154
Gruppen-Coaching, 155
Gruppenberatung, 158
Gruppensituation, 157

H
Honorierung des Beraters, 203ff.

I
Identität, berufliche, 54
- Beziehungen, 55
- Macht und Einflußnahme, 55
- Ort, 55
- Wissen, Werte, Normen, 54
- Zugehörigkeit, institutionelle, 56
Individualisierungsstrategie, 173
Informationen, 127
Instruktion/Training, 114
Interessenslage des Unternehmens, 179
Interventionen, 118
Interventionsstile, 118

K
Karriere, 50
Karriereberatung, 170
Klient,
- Definition, 88
- Problemlage, 90
Klientenrealität, 108
Kollegialität, beraterische, 198
Komm-Struktur, 178
Kommunikationsebenen, 120
Kompetenz,
- beraterische, 191
- kommunikative, 153
Konfrontation, 125
Kontextkommunikation, 124
Krisen, persönliche, 51
Kündigung, 174

L
Lebensentscheidungen, 58
Lebenspartner, 70
Leistungsstörung, 178
Lernen, 114, 142
- von Führungskräften, 21
Lernfähigkeit, 116
Lernklima, 157
Lernverhalten, 115
Loyalitätskonflikt, 153

M
Management Audits, 170
Management Development, 166
Management, 23
- Führung, 24
- Handlungsfeld Einzelberatung, 26
- Handlungsfeld Militär, 23
- Handlungsfeld Sport, 27
- Verwaltung, 23
Managerberuf, Problemlagen, 41

Managerrolle,
Widersprüchlichkeit der, 45
Manager-Tätigkeit, 44
Menschenarbeit, 42
Mentor, 79, 145, 169
Mentorenbeziehung, 152
Mitarbeitergespräch, 77

N
Neugier, 121
Noch-Nicht-Wissen, 29

O
Operationalisierung, 131
Organisation, lernende, 182
Organisations- und Personalentwicklung, 33
Organisationsentwicklung, 155, 199
Outplacement,
- Auslandsentsendung, 174
- Beförderung, 174
- Kündigung, 174
- Verfahren, 59
- Versetzung, 174

P
Personalarbeit, 180
Personalberater, 175
Personalentwicklung, 165, 179, 199
- Maßnahmen, 167
Phobien, 135
Potentialanalysen, 170
Prävention, 47
Praxiserfahrungen, 193
Probleme,
- individuelle, 176
- schlechtdefinierte, 42
Projektsupervision, 158
Prozeßberatung, 33
Psychosen, 136
Psychotherapie, 135, 138ff.

Q
Qualifikation des Beraters, 189

R
Rat, 28
Ratschlag, 29
Reflexion, 30

Regelkreis-Modell, 111
- Feedback, 110ff.
Rollengefährdung, 162
Rollenkonfiguration, 183
Rückmeldearbeit, 113
Rückmeldungen, 113

S
Schlußsitzung, 129
Schnittfeldqualifikation, 14
Schweigepflicht des Beraters, 186
Schwelle der Aushaltbarkeit, 64
Selbstausdruck, Förderung von, 122
Selbsterfahrung, 194
Selbstgefährdung, 40
Selbstreflexion, 66
- Kloster auf Zeit, 66
Sinnfragen, 161
Sponsorenbeziehung, 152
Sport, 34
Sprache der Geschlechter,
unterschiedliche, 73
Streß und Burnout, 50
Supervision, 196
Symptomentwicklung, 62
Symptomverdichtungen, 51
System-Coaching, 155

T
Team-Coaching, 155
Teamentwicklungsworkshops, 155
Training/Instruktion, 114
Training, 168
Transaktionsanalyse, 119

U
Umgang mit den anderen,
- Beziehungsverrat, 49
- Kontakt zu Mitarbeitern
und Kollegen, 48
Unabhängigkeit des Beraters, 184

V
Verhaltensfertigkeit, 160
Verhaltensrepertoire, 161
Verkaufstrainings, 181
Verlegenheit, 106
Versetzung, 174
Vertrag mit externem Berater, 91

Verwertungsinteressen, 181
Vorgesetzter, 76
- als Coach, 147

W
Weglernen, 161
Wissen, 160

Z
Zielformulierung, 95
Zuhören, 120
Zwänge, 135

Literaturverzeichnis

Aufgeführt sind eine subjektive Auswahl an Standardliteratur und neuere informative Aufsätze in Fachzeitschriften.

Bayer, H., Coaching-Kompetenz: Persönlichkeit und Führungspsychologie, München (Reinhardt) 1995

Bernstein, A.J./Rozen, S.C., Das Dinosaurier-Syndrom: Vom Umgang mit sich und anderen schwierigen Kollegen, Düsseldorf (Econ) 1992

Birkenbihl, M., Wer repariert den Chef? Management Coaching als Anspruch und Aufgabe, Bamberg (Bayr. Verlagsanstalt) 1992

Böning, U., Coaching: Zur Rezeption eines neuen Führungsinstrumentes, Personalführung 12/1989, S. 1149–1151

Böning, U., System-Coaching contra Einzel-Coaching, Gablers Magazin 4/1990, S. 22–25

Buchner, D. (Hrsg.), Manager-Coaching, Paderborn (Junfermann) 1993

Buchner, D./Walczak, L., Spielregeln für das Coaching, NLP im Business, Hrsg.: D. Buchner, Wiesbaden (Gabler) 1994

Buchner, D./Lasko, W.W. (Hrsg.), Vorsprung im Wettbewerb – Ganzheitliche Veränderungen, Netzwerke, Synergie, Empowerment, Coaching – Das Veränderungshandbuch von Winner's Edge, Wiesbaden (Gabler) 1996

Butzko, H., Coaching ist eigentlich der falsche Begriff, Wirtschaft und Weiterbildung 6/1993, S. 48–50

Coaching and counseling (Video): management tools for improving performance, Chicago (Encyclopaedia Britannica Educational Corp.) 1985

Coaching: the new way to manage corporate success, (o.V.), Supervision 58/1997, S. 3–6

Czichos, R., Coaching-Leistung durch Führung, München (Reinhardt) 1995

Dahmen-Breiner, M./Gergely, G., Coaching ohne Couch, Psychologie für Menschenwürde und Lebensqualität, Hrsg.: S. Hoefling und W. Butollo, Bonn (Dt. Psych. Verlag) 1990

Darling, M.J., Coaching people through difficult times, HRMagazine 39/1994, S. 70–74

Deegan, A.X., Coaching: a management skill for improving individual performance, Reading, Mass., (Addison-Wesley) 1979

Diepken, R., Wie sorglos sind die Mächtigen? Psychologie heute 9/1988, S. 52–57

Domsch, M., Coaching, Spezialbehandlung für schwere Fälle, Industrielle Organisation 10/1993, S. 56–66

Domsch, M./Jochum, I., Coaching, München (Beck) 1997

Doppler, K., Coaching – Mode oder Notwendigkeit, Gablers Magazin 4/1992, S. 36–41

Dorando, M./Grün, J., Coaching mit Meistern, Supervision 24/1993, S. 53–70

Eck, C.D., Rollencoaching als Supervision, Supervision und Beratung, Hrsg.: G. Fatzer, Köln 1993

Egger-List, M./Egger-List, P., Mit Management-Coaching zur Lernenden Organisation, Industrielle Organisation 6/1993, S. 79–82

Empowerment out, coaching in, (o.V.), Industry Week v. 20.1.1997, S. 6

Fatzer, G., Rollencoaching als Supervision von Führungskräften, Supervision 17/1990, S. 42–49

Fatzer, G. (Hrsg.), Supervision und Beratung, Köln 1993

Felderer, Chr., Erste deutsche Coaching-Fachtagung, Gablers Magazin 4/1990

Geissler, J./Günther, J., Coaching: Psychologische Hilfe am wirksamsten Punkt, Blick durch die Wirtschaft v. 17.3.1986

Grau, U./Möller, J./Rohwedder, N., Beratung von Individuen in komplexen Systemen, Zeitschrift für systemische Therapie 6/1988, S. 288

Grau, U./Möller, J., Konstruktivistisches Coaching, Zeitschrift für systemische Therapie 2/1991, S. 79–89

Hahn, E., Coaching, Sportpsychologie 3/1989, S. 5–8

Hamann, A./Huber, J.J., Coaching – Der Vorgesetzte als Trainer, Darmstadt (Hoppenstedt)1991

Hartge, T., Coaching, Moderation, Supervision, Wirtschaft und Weiterbildung 6/1993, S. 42-47

Hauser, E., Coaching von Mitarbeitern, Führung von Mitarbeitern, Hrsg.: L.v. Rosenstiel u.a., Köln (Schaefer) 1993

Hocke, P., Die Führungskraft als Coach – Coaching von Mitarbeitern, (Software), ATM Anlagen-Technologie Maschinelle Textverarbeitung

Höfle, U./Huber, M., Coaching, Handbuch Personalentwicklung&Training, Hrsg.: K.A. Geißler u.a., Loseblattausgabe, Köln (Deutscher Wirtschaftsdienst) 1990

Hofstetter, H., Die Leiden der Leitenden, Köln 1988

Hohr, K.D., Coaching im Zielrahmen der Personalentwicklung, Personalführung 12/1990, S. 872–873

Jung, W., Coaching im Unternehmen, Beratung zwischen Therapie und Training, Personalentwicklung im Wandel, Hrsg.: A. Papmehl u. I. Walsh, Wiesbaden (Gabler) 1991

Kastner, M., Personalmanagement heute, Landsberg (moderne industrie) 1990

Kienbaum, J. / Jochen, W., Coaching, Visionäres Personalmanagement, Hrsg.: J. Kienbaum, Stuttgart (Poeschel) 1992

Kubowitsch, K., Power Coaching – Wie Sie sich besser vermarkten und mehr Einfluß im Unternehmen gewinnen, Wiesbaden (Gabler) 1995

Kuhlmann, T., Coaching, Personalführung 6/1989, S. 592–597

Looss, W., Partner in dünner Luft, manager magazin 6/1986, S. 136–140

Looos, W., Coaching für Manager – Problembewältigung unter vier Augen (Video), Landsberg (moderne industrie) 1992

Looos, W., Coaching ist keine Psychotherapie, Capital 10/1992, S. 274

Looos, W., Die Einzelsupervision von Beziehungsarbeitern, Supervision und Beratung, Hrsg.: G. Fatzer, Köln (EHP) 1993

Looos, W., Coaching und Mentoring, Handbuch des Führungskräfte-Managements, Hrsg.: R. Dahlems, München (Beck) 1994

Maass, E./Ritschl, K., Coaching mit NLP, Paderborn (Junfermann) 1997

Neubeiser, M.-L., Management Coaching, Zürich-Wiesbaden (Orell-Füssli) 1990

Olalla, J./Echeverria, R., Management by coaching, HR Focus 73/1996 Nr. 1, S.16–17

Olesen, M., Coaching today's executives, Training & Development 50/1996 Nr. 3, S. 22–28

v. Papmehl, A./Walsh, I. (Hrsg.), Personalentwicklung im Wandel, Weiterbildungs-Controlling, Coaching, Personalportfolios, Wiesbaden (Gabler) 1991

Peters, H., Peer coaching for executives, Training & Development 50/1996 Nr. 3, S. 39–42

Rückle, H., Coaching, Düsseldorf (Econ) 1992

Ruschel, A., Coaching – Mitarbeiter fördern durch Fordern (Toncassetten, Band 29), expert 1992

Sanders, D.L., Eight things you should know about business coaching before contracting for service, Employment Relations Today 23/1996, S. 67–76

Sänger, M. (Hrsg.), Coaching: Karrierepower mit Trainingsplan, Beste 1990

Sauter, W., Vom Vorgesetzten zum Coach der Mitarbeiter, Weinheim (Dt. Studien Verlag) 1994

Schaffelhuber, S., Inner Coaching, Berlin (Ullstein) 1993

Schein, E., Career dynamics, Reading (Addison Wesley) 1978

Schmidt, G., Business Coaching – Mehr Erfolg als Mensch und Macher, Wiesbaden (Gabler) 1995

Schreyögg, A., Coaching – Eine Einführung für Praxis und Ausbildung, Frankfurt (Campus) 1996

Schwertfeger, B., Ein Zwitter aus Unternehmensberater und Psychotherapeut, Süddt. Zeitung v. 22.7.1989, S. 64

Selman, J./Evered, R.D., Coaching and the Art of Management, Organizational Dynamics, Winter 1989, S. 16–32

Snyder, A., Executive coaching: the new solution, Management Review 84/1995 Nr. 3, S. 29–33

Thomann, Chr./Schulz v. Thun, F., Klärungshilfe, Handbuch für Therapeuten, Reinbek (rowohlt) 1988

Wilker, F.W. (Hrsg.), Supervision and Coaching. Aus der Praxis für die Praxis, Bonn (Deutscher Psychologen Verlag) 1996

Whitmore, J., Coaching für die Praxis, München (Heyne) 1997

Witherspoon, R./White, R.P., Executive coaching: what's in it for you?, Training & Development 50/1996 Nr. 3, S. 14–15

········Trends Informationen
Erfolgsgeheimnisse·········

Der „Meister des Werbebriefs" endlich in deutscher Sprache

Sie erhalten Hunderte erfolgreicher Tips, die Sie sofort einsetzen können, sowie unzählige Beispiele von Tops und Flops. Lewis liefert Ihnen alle Tricks für professionelle Werbebriefe.

„Lewis ist einfach der beste Texter unserer Zeit und in diesem Buch öffnet er wirklich seine Trickkiste." Schmid-Brief, Schweiz

„Dies ist das beste Ideenbuch für Direct-Mail-Texter, das ich je gesehen habe." Jim Kobs, Vorsitzender von Kobs Grogory Passavant, USA

Herschell Gordon Lewis
Werbebriefe mit Power
100 Tips, Regeln und Erfolgsbeispiele
3. Auflage,
321 Seiten
DM 98,–
ISBN 3-478-23833-1

Evert Gummesson
**Relationship-Marketing:
Von 4P zu 30R**
Wie Sie von den 4 Marketingprinzipien zu den 30 Erfolgsbeziehungen gelangen
373 Seiten
DM 98,–
ISBN 3-478-24010-7

Das Buch zum Trend-Thema Beziehungsmarketing – ausgezeichnet als „Bestes Marketingbuch"

Sie erhalten konkrete Anleitungen für ein professionelles Beziehungsmarketing: Wie Sie die Beziehungen in Ihrem Unternehmensfeld so gestalten, daß Sie Ihre Kunden zufriedenstellen. Wie Sie Ihre Marketingkosten senken und die Preisakzeptanz im Markt steigern.

„In seinem anschaulichen und vorausschauenden Buch zeigt Evert Gumesson auf, welche Beziehungen das Unternehmen pflegen sollte, um langfristig am Markt agieren zu können. Dieses Buch ist ein absolutes Muß für jeden Manager, der es nicht versäumen will, sich proaktiv mit Fragestellungen des Beziehungs-, Interaktions- und Netzwerkmanagements zu beschäftigen."
Professor Dr. A. Meyer, Ludwigs-Maximilians-Universität München

Modernes Marketing auf den Punkt gebracht!

Das Autorenteam des IFAM-Instituts für angewandte Marketing-Wissenschaften BDU liefert Ihnen zum ersten Mal einen kompletten Leitfaden für alle Bereiche des modernen Marketing:

- ✔ Marketing-Informationen: Konkurrenzanalyse, Marktforschung, Informationsquellen
- ✔ Produktpolitik: Innovationen, Programmgestaltung, Positionierung
- ✔ Sales Promotion: Merchandising, Event-Marketing, Product Placement
- ✔ Strategie und Planung: Budgetierung, Positionierung, Ideenfindungsmethoden
- ✔ Werbepolitik: Psychologie, Käuferverhalten, Erfolgskontrollen

IFAM Institut für angewandte Marketing-Wissenschaften (Hrsg.)
Die 199 besten Checklisten für Ihr Marketing
650 Seiten
Subskriptionspreis bis zum 31.08.1998: DM 198,-,
danach: DM 249,-,
ISBN 3-478-24060-3

Ihr Buchhändler berät Sie gerne.

STMARK 150 x 220